COUR DES PAIRS.

ATTENTAT DU 15 OCTOBRE 1840.

RAPPORT

FAIT À LA COUR

Par M. le Baron GIROD (de l'Ain).

COUR DES PAIRS.

ATTENTAT DU 15 OCTOBRE 1840.

RAPPORT

FAIT À LA COUR

Par M. le Baron GIROD (de l'Ain).

PARIS.
IMPRIMERIE ROYALE.

M DCCC XLI.

COUR DES PAIRS.

ATTENTAT DU 15 OCTOBRE 1840.

RAPPORT

Fait à la Cour par M. le baron GIROD (de l'Ain), l'un des commissaires (1) chargés de l'instruction du procès déféré à la Cour des Pairs par ordonnance royale du 16 octobre 1840.

SÉANCE DU LUNDI 10 MAI 1841.

MESSIEURS,

L'instruction relative à l'attentat de mai 1839 vous avait signalé les manœuvres des factions anarchistes depuis les journées d'avril 1834; le rapport si remarquable de votre commission vous avait révélé non-seulement l'appel aux armes pour le renversement du

---

(1) Les commissaires étaient M. le baron Pasquier, Chancelier de France, Président de la Cour, et MM. le duc Decazes, le comte de Bastard, Barthe, le baron Girod (de l'Ain), Mérilhou et Persil, commis par M. le Chancelier, Président.

Gouvernement, et la subversion de l'ordre social, mais
surtout la provocation ouverte à l'assassinat du Roi, du
Roi, justement considéré par les factieux comme le plus
invincible obstacle à leurs projets. Vous aviez entendu ces
passages du *Moniteur républicain* : «*Louis-Philippe* est
«la clef de la voûte de l'état anti-social où se trouve la
«France : c'est donc à lui que nous devons nous atta-
«quer. Une fois jeté à bas, tout l'édifice croule avec lui...
«Ainsi notre principale tâche sera d'attaquer *Louis-Phi-*
«*lippe*, les gens de sa race, les gens de sa suite viendront
«après.... Ce serait encore risquer la partie que l'entamer
«autrement qu'en frappant de grands coups; et, puisqu'il
«faut nous expliquer, nous ne concevons rien de pos-
«sible, si l'on ne commence par attaquer la tête de la
«tyrannie, en d'autres termes, par tuer *Louis-Philippe*
«et les siens.» Et dans le 6ᵉ numéro de mai 1838 : «Il
«est prématuré de s'occuper à bien discipliner les rangs
«démocratiques, de préparer les armes et les munitions
«pour le combat... Il n'y a qu'un seul moyen d'en finir
«promptement et économiquement avec la tyrannie, c'est
«d'abattre la tête du tyran... Nous invitons en conséquence
«tous les républicains... à ne prendre conseil que de leur
«courage, et surtout de la prudence, et à courir sus, sans
«perdre un seul moment, contre *Louis-Philippe* et ceux
«de sa race.»
　Ces atroces provocations n'étaient point oubliées; elles
devenaient plus alarmantes au moment où de graves
conjonctures agitaient les esprits, où déjà de coupables
démonstrations se mêlaient à la vive expression du patrio-
tisme, où l'on voyait un grand nombre de publications
séditieuses vendues à vil prix, distribuées gratuitement
dans les classes les plus exposées à se laisser égarer; en
un mot, où des excitations de toute nature étaient adressées aux intérêts abusés, à toutes les passions mauvaises.
Cependant on espérait encore que l'énergique manifesta-

tion du sentiment national , les actes d'une généreuse clémence, le découragement produit par tant de vaines tentatives, avaient désarmé les assassins, lorsqu'un nouvel attentat contre la vie du Roi est venu frapper la France de douleur et d'effroi.

Le 15 octobre dernier, vers six heures du soir, le Roi retournait de Paris à Saint-Cloud ; dans sa voiture se trouvaient la Reine et S. A. R. Madame Adélaïde, augustes Princesses à qui la Providence a ménagé de cruelles épreuves et de grandes consolations! La voiture du Roi, suivant le quai des Tuileries, était arrivée au poste du Lion, à l'angle de la terrasse; les hommes de garde étaient en bataille devant le poste, et le Roi s'inclinait pour saluer, lorsqu'une forte détonation se fit entendre. Elle provenait d'un coup de feu tiré de derrière le poteau d'éclairage, et évidemment dirigé sur le Roi. Bien heureusement personne ne fut atteint dans la voiture ; des projectiles touchèrent les ressorts et les roues et blessèrent légèrement les valets de pied *Grusse* et *Jehl,* montés derrière, ainsi que le garde national à cheval *Bertolacci,* placé à la portière droite. Le tailleur de pierres *Fialon,* travaillant près du pont de la Concorde, fut renversé par la chute de sa scie qu'une balle avait frappée dans la traverse supérieure. Sur l'ordre du Roi, les voitures se remirent immédiatement en marche.

A la place d'où le coup venait de partir, était resté, immobile et comme stupéfié, un homme dont la main gauche était fracassée, dont le sang coulait en abondance. Le grenadier *Enginger,* le voyant, lui demande si c'est lui qui a tiré sur le Roi. Il répond : « Oui, mon ci-« toyen ; que me veux-tu ? » *Enginger* l'arrête. Le sergent *Duprat* le fait entrer au corps de garde, où l'on trouve sur lui deux pistolets chargés à balles et garnis de leurs capsules, un poignard, une brochure intitulée: *Histoire*

Darmès (Marius-Ennemond), âgé de 43 ans, frotteur, né à Marseille (Bouches-du-Rhône), demeurant à Paris, rue de Paradis, n° 41.

1.

de la conspiration du général Mallet, par Dourille ; un manuscrit portant ce titre : *Sur les devoirs de l'homme vraiment moral ;* trois clefs, une somme de trois francs soixante-dix centimes et trois liards. L'arme dont il s'était servi était une carabine, cassée à la poignée, et dont le canon avait éclaté par suite, dit l'expert, du grand nombre de projectiles placés au-dessus de la charge de poudre. Les débris ont été retrouvés plus tard dans les fossés de la place, sur la place même et à une assez grande distance. On remarquait, sur le poteau d'éclairage, une entaille triangulaire, de plusieurs centimètres sur chaque face, produite par l'effet du coup.

L'exaltation de l'homme arrêté était extrême. « Il expri-«mait hautement le regret d'avoir manqué son coup et de «ne pas avoir tué le Roi........ Il disait avec fureur : Je le «tenais cependant bien ; j'étais bien sûr de mon coup, «et si ma carabine ne s'était pas brisée !............ Il «disait que ses pistolets étaient destinés à tuer ceux qui «l'auraient arrêté. » Le sergent de ville *Lemaire,* qui dépose de ces propos, ajoute : « J'ai remarqué que cet «homme exhalait l'odeur des liqueurs spiritueuses. »

Sur le premier avis qui lui fut donné, **M.** le préfet de police se rendit immédiatement au poste où se trouvait encore l'homme arrêté, et il l'interrogea. La question : «Quels sont vos noms, âge, profession ? » reçut pour ré-ponse : « Je m'appelle *Darmès (Marius-Edmond),* né à «Marseille, 43 ans, conspirateur ; je suis à Paris depuis « 30 ans. » *Darmès* refusa de faire connaître son domi-cile, que bientôt après il indiqua, rue de Paradis-Pois-sonnière, n° 41. Il déclara que son intention avait été «de «tirer sur le plus grand des tyrans, » et qu'il s'était servi d'une carabine. Il reconnut pour lui appartenir les armes et les objets pris sur lui ; il nia son affiliation à des so-ciétés secrètes, et dit « qu'il n'était pas un fanatique «exploité, et que la nature seule agissait en lui. »

Interrogé par M. le procureur du Roi, *Darmès* répéta ses déclarations.

Le jour même, et les jours suivants, des perquisitions furent faites dans la petite chambre que *Darmès* occupait rue de Paradis-Poissonnière et où tout présentait l'aspect de la misère. On y saisit, entre autres objets : 1° un paquet de balles et lingots de plomb, de la poudre de chasse, une cartouche de munition à balle, et une boîte de capsules ; 2° deux médailles de cocher de place et remise, à lui délivrées ; 3° un tableau représentant *Lycurgue* blessé dans une sédition, derrière ce tableau se trouve l'inscription suivante, qui paraît avoir été écrite par *Darmès* : « *A Darmès, Marius-Edmond, ce 10 juin 1840, anniversaire de la mort d'un brave* ; » 4° enfin, un grand nombre de pièces imprimées et manuscrites, sur lesquelles nous reviendrons plus tard et qui, malgré les dénégations de *Darmès*, semblaient prouver son affiliation à la société secrète *des Communistes* ; on y trouva aussi un imprimé portant le titre de : *Pétition de la garde nationale de Paris pour la réforme électorale, municipale, départementale et parlementaire.*

Voir les procès-verbaux de perquisition page 65 et suivantes du volume de la procédure.

Voir cette pièce, page 553 du volume de la procédure.

Le jugement de l'attentat de *Darmès* appartenait à votre haute juridiction ; il lui fut déféré par une ordonnance royale en date du 16 octobre, et, par son arrêt du 19, la Cour des Pairs ordonna que par M. le Président de la Cour, et par tels de MM. les Pairs qu'il lui plairait commettre pour l'assister et le remplacer en cas d'empêchement, il serait sur-le-champ procédé à l'instruction du procès.

M. le Chancelier, Président de la Cour a rempli cette mission avec le concours des Pairs qu'il avait désignés pour lui prêter une assistance que ses lumières, son expérience, son zèle infatigable rendaient bien superflue. Nous allons vous rendre compte de nos investigations et de celles des magistrats qui nous ont continué leur si utile coopération.

Le 19 octobre, immédiatement après la prononciation de l'arrêt de la Cour, M. le Chancelier interrogea *Darmès,* qui se reconnut coupable de l'attentat, et dit qu'il ne l'avait médité qu'une heure auparavant; que la force des choses, la nature, sa conviction, l'avaient poussé; qu'il n'en éprouvait aucun regret. Il prétendit qu'il possédait depuis longtemps la carabine dont il s'était servi, refusa de préciser ce temps et de déclarer où il l'avait achetée. Quant aux pistolets et au poignard trouvés sur lui, il répondit, après hésitation, qu'il les avait déjà lorsqu'il acheta la carabine.

L'état de *Darmès,* dont la blessure avait exigé l'amputation complète de *l'index* et celle des deux dernières phalanges des troisième et quatrième doigts de la main gauche, ne permit pas de prolonger cet interrogatoire. En attendant qu'il pût en subir d'autres, on dut s'occuper de recueillir tous les renseignements propres à le faire bien connaître et à procurer la découverte de ses complices, dont l'existence n'était déjà que trop probable. Voici quels furent ces premiers résultats de l'instruction.

Edmond (ou *Ennemond*) *Marius Darmès* est né à Marseille, le 5 pluviôse an v (4 février 1797); son père était tailleur d'habits dans cette ville, où il est mort, à l'Hôtel-Dieu, en 1830. Sa mère, remariée à un sieur *Schwartz* (ou *Lenoir*), a perdu son second mari; elle est âgée de soixante et dix ans, habite Paris, et a peine à vivre de son travail.

Darmès, venu à Paris il y a environ trente ans, a servi successivement dans plusieurs maisons. En 1829, il épousa une fille *Lefebvre,* avec laquelle il entra, en 1831, au service de M. et Mᵐᵉ *Joly;* ils en sortirent, après la mort de leurs maîtres, en 1834. Pendant leur séjour dans cette maison, *Darmès* s'empara d'une somme de 6,000 francs appartenant à sa femme, et la perdit à des jeux de bourse.

De la fin de 1834 au mois d'octobre 1838, *Darmès* et sa femme ont été portiers d'une maison, rue du Faubourg-Poissonnière, n° 33, appartenant à la dame *Petit*. En 1838, la séparation des deux époux les força de quitter cette place. La femme *Darmès*, justement mécontente de la perte de son argent, était en outre effrayée des opinions de son mari. Tous les témoins qui ont eu alors des relations avec lui attestent, en effet, que depuis 1836 son exaltation avait toujours été croissant. M. *Joly* fils lui avait conservé de l'intérêt et l'employait souvent à son service, mais il fut obligé de le renvoyer en mai 1840, «parce que, dit-il, les opinions politiques de *Darmès* se «manifestèrent d'une manière tellement exagérée, que «toutes les personnes de la maison finirent par s'en «plaindre, et qu'il me devint impossible de les tolérer... «Son républicanisme était effrayant, il m'inspirait quel-«quefois des craintes sérieuses; mais jamais il n'a mani-«festé devant moi la pensée d'un attentat. Il voulait la loi «agraire et toutes les conséquences d'un partage égal «entre les citoyens... A la fin de 1839, il m'avait dit qu'il «fréquentait l'église française.»

Voir cette déposition page 291 et suivantes du volume de la procédure.

Le sieur *L'Hoste*, chef d'institution à Montmartre, a déclaré : « J'ai eu pour frotteur, pendant deux ans, le « nommé *Darmès*.....; j'ai remarqué qu'il avait des « opinions démagogiques très-exaltées.

Voir cette déclaration page 284 du volume de la procédure.

« A l'époque d'un banquet qui eut lieu à Belleville, il « parlait souvent des communistes et d'un pamphlet ayant « pour titre : *Ni châteaux ni chaumières*. Il disait à cette « occasion : *Nous avons adopté un nouveau mode de* «*faire de la propagande, c'est de parler aux vieilles* «*femmes de Jésus-Christ; aux ouvriers, de leur exploi-* «*tation par les maîtres; aux pauvres, de la dureté des* « *riches; enfin à chacun de manière à flatter leurs* «*passions.* »

La mère de *Darmès* avait recueilli de la succession de son second mari une somme de 5,000 francs, et s'était retirée à Puteaux; son fils venait la voir quelquefois; il la traitait avec dureté : il se fit remettre une procuration pour toucher cet argent, et il le dissipa. Ce fut alors que cette malheureuse femme, privée de toute ressource, vint partager le logement de son fils, rue Hauteville, n° 61. *Darmès*, presque toujours ivre, rentrant tard, découchant quelquefois, laissait sa mère manquer du nécessaire; elle fut enfin obligée de le quitter pour chercher à vivre de son travail.

En juillet 1839, *Darmès* loua une petite chambre au sixième étage, rue de Trévise, n° 2. Il en fut bientôt renvoyé, « à raison, disent les témoins, de sa conduite « obscène et du scandale qu'il causait dans la maison. » Enfin, au moment de l'attentat, il occupait depuis le mois de mars 1840, rue de Paradis-Poissonnière, n° 41, un réduit à peine habitable.

La violence des opinions de *Darmès*, l'irrégularité de sa vie, lui avaient fait fermer presque toutes les maisons où il était employé comme frotteur. Il faut dire aussi que des soupçons d'infidélité s'étaient élevés contre lui, et qu'au moins, à l'égard d'une soustraction commise au préjudice de M. *Chatry-Lafosse*, l'instruction semblerait justifier ces soupçons, dont nous ne vous parlons toutefois que pour ne négliger aucun des renseignements recueillis sur *Darmès*. Vers la fin de septembre 1840, *Darmès* n'avait guère que la pratique d'une compagnie d'assurance, boulevard des Italiens, n° 9. Il gagnait de 20 à 30 francs par mois, et il avait des dettes. Il était arrivé à être obligé de demander à un pauvre savetier, nommé *Fassola*, de lui apprendre son métier. Le 13 octobre, *Darmès* n'ayant pas mangé, *Fassola* lui prêta quelque argent dont il employa sur-le-champ une partie à acheter des aliments, et dont le reste a été trouvé sur lui au moment de son arrestation.

Darmès, ardent à épier toutes les occasions de trou-

bles, ne manqua pas de se mêler aux rassemblements
d'ouvriers qui se formèrent en septembre 1840. Le témoin *Bickel*, menuisier, dit, en parlant de lui : «Dans les
«rassemblements des ouvriers mécaniciens qui eurent
«lieu dans la plaine de Bondy, je fus étonné d'y rencon-
«trer cet individu que je savais frotteur de son état, et
«qui n'avait rien à démêler avec nous. Je le lui témoignai
«et il me dit qu'il était là à sa place.» Il avait été saisi au
domicile de *Darmès* une espèce de discours rempli des
plus violentes déclamations contre *les exploiteurs de l'espèce humaine,* contre la monarchie, et adressé aux soldats chargés de surveiller les ouvriers réunis dans la
plaine; *Darmès* est convenu l'avoir écrit et prononcé
dans la plaine même.

Lors du premier interrogatoire que lui fit subir M. le
Chancelier, *Darmès* assurait, «qu'il n'avait médité son
«crime qu'une heure auparavant;» mais il est résulté de
l'instruction qu'il en avait conçu depuis longtemps la fu-
neste pensée.

Dans une pièce de prétendus vers en l'honneur de
Laure Grouvelle, écrite de sa main et saisie chez lui, il
annonce «aux tyrans du peuple que la race d'*Alibaud*
«n'est pas éteinte,» et, à côté de la date qu'il attribuait à
l'exécution de ce grand coupable, il écrit ces mots : «Mort
d'un brave.»

Dans une autre pièce intitulée : «Discours d'un homme
«du peuple..., août 1839,» également écrite par lui et
saisie à son domicile; il suppose qu'il a tenté de tuer le
Roi, et il s'adresse à la Cour des Pairs, non pour se défendre, mais pour glorifier son action et exhaler toute sa
haine contre le Gouvernement et l'organisation sociale.
Interrogé sur cet écrit, il a prétendu l'avoir composé «en
«s'amusant et sans qu'il se rattachât à aucun fait.»

Le sieur *Pagès,* marchand de vin, entendu le 22 octobre, déclare : «*Darmès* m'avait fait un billet de cent
«francs qui a été protesté..... Il y a six mois environ, il

Voir cette pièce, p. 155 de la procé-dure, et trois autres pièces, p. 171, 174 et 560 du même vo-lume.
La 3e pièce dont il s'agit dans cette note est la prétendue pièce de vers imprimée en supplément à la fin du volume, et au bas de laquelle se trouve encore une mention relative à la mort d'Alibaud.

Voir cette pièce, page 148 du même volume.

« revint à la maison où je lui parlai du billet : il me ré-
« pondit d'un ton véhément : « *N'ayez pas d'inquiétude,*
« *vous ne perdrez rien avec moi; ce sera la nation qui*
« *payera; si ce n'est vous, ce sera vos enfants qui seront*
« *payés par elle.* J'avoue que je riais de ces paroles dont
« je ne comprenais pas le sens. »

Le témoin *Bickel*, dont nous avons déjà parlé, avait
dit dans sa déclaration : « Il y a un mois environ j'étais à
« la barrière Rochechouart, lorsque je vis *Darmès* en
« compagnie d'un autre individu que je reconnaîtrais s'il
« m'était représenté, et qui m'a paru être maçon. Je fus
« accosté par lui, et il me parla du discours qu'un ou-
« vrier mécanicien avait prononcé dans la plaine. Je lui
« dis que l'orateur aurait mieux fait de se taire. Alors il
« s'emporta contre moi et me dit que je n'étais pas Fran-
« çais; puis il entra dans un accès de colère qu'il exhala
« en déclamations furibondes contre le Roi. Je me rap-
« pelle qu'il disait : *Il faut que je le descende.* Je n'ai
« malheureusement pas attaché d'importance à ce propos,
« d'abord parce que cet homme était ivre, et ensuite
« parce que nous étions habitués à lui entendre toujours
« dire de mauvaises choses. »

Le 21 octobre, la dame *Grébin*, dans une déposition
que nous croyons devoir reproduire en entier, s'exprime
ainsi : « Au trimestre d'avril dernier, mon mari et moi
« louâmes, rue des Trois-Frères, l'appartement que nous
« occupons. Mon mari étant employé à l'assurance mu-
« tuelle parisienne, y voyait comme frotteur un individu
« qu'il appela en cette qualité dans mon domicile. Il y ve-
« nait tous les huit jours depuis cette époque. Je le con-
« naissais sous le nom d'*Edmond;* j'ignorais qu'il s'appelât
« *Darmès.*

« Dans les premiers temps, cet homme excitait ma sur-
« prise à raison de la monomanie qu'il avait de tout rat-
« tacher à la politique et d'en parler sans cesse. Mon mari

«m'avait avertie de l'habitude qu'avait cet homme, et que
«nous ne regardions que comme une bizarrerie. Mais je
«finis par m'en effrayer, et je provoquai parfois des con-
«versations sur cette matière dans l'intention de le ra-
«mener à des idées honnêtes. Le principal sujet de ses
«conversations était *la communauté* où *le partage des*
«biens, ce qu'on appelle *la loi agraire.* J'essayais de lui
«prouver, selon mon sentiment, l'impossibité de ces théo-
«ries; mais il était évident que mes paroles étaient sans
«effet, car, à mes yeux, cet homme est un homme sans
«conviction, dans la tête duquel on a mis ces idées, in-
«capable de les raisonner, simple instrument ou *machine*
« bien montée.

   «Parmi les propos qui m'effrayèrent de la part de cet
«individu, il en est un dont j'ai rendu compte à mon
«mari il y a déjà plus de trois mois, et auquel je regrette
«de n'avoir pas attaché assez d'importance. Il me dit qu'il
«existait une société d'individus dans laquelle la première
«condition d'admission était de s'engager de tuer le Roi,
«lorsque le sort le désignerait. Il ne me dit pas qu'il en
«faisait partie; mais l'espèce d'emphase qu'il mettait en
«m'en parlant me donne la pensée qu'il en était. Ce qui
«peut m'en convaincre encore plus, c'est qu'en recher-
«chant attentivement dans mes souvenirs, je me suis rap-
«pelé qu'il m'avait dit que celui qui tuerait le Roi serait
«le sauveur de la France, et qu'il comparait d'avance à
« *Charlotte Corday* l'auteur d'un pareil attentat. C'était en
«frottant l'appartement, et pendant que je travaillais,
«qu'il me tenait de pareils discours, que je ne réprimais
«pas, je le répète, parce que je croyais y voir un moyen
«de lui en montrer la culpabilité.

   «Ainsi, à l'occasion de ces menaces de mort contre le
«Roi, je lui disais, en pensant comme femme aux dou-
«leurs de la Reine: *Mais la Reine, elle mourra de cha-*
grin! vous voulez donc aussi sa mort!... Ce à quoi il

2.

«répondit que l'intérêt et les affections d'une seule fa-
«mille n'étaient point à balancer avec l'intérêt de la na-
«tion : c'était toujours ce mot, et non celui de l'État, qui
«était dans sa bouche.

«Une fois encore, cet homme me dit qu'il avait fait part
«de ses idées politiques à une personne haut placée, qui
«lui avait dit qu'il était dommage qu'il n'eût pas l'éduca-
«tion nécessaire pour écrire ses mémoires et rendre
«compte de ses impressions, que cette personne qualifiait
«de *sublimes*.

«Ce qui me frappe le plus dans le crime commis par
«cet homme, c'est que je l'avais jugé et que je le juge
«encore sans énergie personnelle. A mes yeux, je crois
«devoir le répéter, c'est un homme qu'*on a monté*, car
«il n'a point assez d'intelligence pour avoir une convic-
«tion à lui, et il n'a pu voir que par les yeux d'autrui;
«aussi bien espérais-je en lui parlant la dernière d'avoir
«raison avec lui.... Cet homme ne m'inspirait que de la
«pitié; je ne pouvais pas le croire dangereux. Je vous
«avoue même que je n'ai pas toujours dit à mon mari
«ce qu'il racontait, parce que je craignais de nuire à ce
«malheureux dans l'esprit de mon mari, et lui ôter son
«pain en le faisant renvoyer de l'assurance.

Enfin, le témoin *Vigneron* déclare, le 20 octobre....
«Il y a trois ans que je connais *Darmès*.... Je l'ai vu
«pour la dernière fois, *le mardi 13 courant*.... Je lui
«demandai ce qu'il y avait de nouveau, il me répondit,
«en faisant l'entendu : *Cela se mitonne*. Je compris de
«suite qu'il voulait parler politique et je coupai court à
«la conversation. »

Il paraîtrait donc que *Darmès* depuis longtemps pré-
méditait son crime. En avait-il seul formé le projet? En
a-t-il seul préparé et tenté l'exécution? Les résultats de
l'instruction vont vous l'apprendre.

L'un des dragons de l'escorte, *Kisler*, dit : « J'ai vu

«l'homme qui a tiré sur le Roi; il était placé derrière le
«poteau d'une lanterne; il y avait bien quelques indivi-
«dus autour de lui, mais je ne crois pas qu'ils fussent
«avec lui. »

Le garde national à cheval *Frick* déclare : « A côté
«du poteau se trouvait un autre homme, vêtu d'une
«blouse, qui ne fit aucun mouvement lors de l'explosion,
«mais je ne saurais dire s'il était dans la société de l'as-
«sassin. »

Le postillon qui conduisait la deuxième voiture, *Fré-
tin* : « J'ai vu placé à côté de l'assassin un homme vêtu
«en blouse qui m'a paru fort effrayé du coup et se di-
«riger après la détonation du côté de la place. J'ignore
«si cet homme était de la société de *Darmès*, mais je ne
«le crois pas. »

Le cocher de la voiture de suite, *Paquelin*, dépose
ainsi : « Lors du crime il y avait deux personnes à côté
«de l'individu, mais à quelques pas, l'un à droite et
«l'autre à gauche. Le premier, placé à cinq ou six pas,
«était vêtu d'une redingote : il prit la fuite immédiate-
«ment; le second, qui était presqu'en face, était vêtu
«d'une blouse, couvert d'une casquette. Au moment de la
«détonation, il fit une espèce de saut en avant, et m'a
«paru ensuite revenir sur ses pas. Comme la voiture
«continuait, je ne sais ce qu'il est devenu. »

Le colonel *Devaux*, qui se trouvait par hasard sur le
lieu de l'attentat, et dont l'attention se portait principalement sur le Roi, croit avoir remarqué, au moment de
l'explosion, deux hommes, dont un était en blouse, qui se
sauvaient par la passerelle derrière le corps de garde.

Le sieur *Cauderan*, coiffeur, entendu le 11 janvier
1841, revenait de l'Hôtel des Invalides, le 15 octobre,
vers cinq heures et quart. Arrivé sur la place de la
Concorde, il entendit dire par un homme en blouse, de
vingt-cinq à trente ans, faisant partie d'un groupe de cinq

individus, que le Roi allait passer. Parmi ces individus, s'en trouvait un autre également en blouse, puis un troisième portant un chapeau gris, un gilet rond ou veste à manche, de couleur foncée : le témoin croit se rappeler que le quatrième était aussi en blouse. Enfin le cinquième, paraissant plus âgé que les autres, pouvait avoir quarante ans : il était vêtu d'une redingote de couleur foncée, tombant jusqu'à la cheville; il avait un chapeau noir. Ce dernier quitta les autres, dont l'un s'était déjà écarté, et alla se placer auprès du corps de garde. Il tenait un de ses bras serré contre sa redingote, comme pour retenir quelque chose. Arrivé près du corps de garde, *Cauderan* fut témoin de l'attentat et en rapporte les détails. Il était à vingt pas environ de l'homme qui tira le coup, et voulut s'élancer sur lui. L'individu qui portait un chapeau gris le retint : «Que faites-vous donc?» s'écria *Cauderan*. Cet individu le lâcha sans répondre. Le témoin, après avoir témoigné assez haut son indignation, se remit en route pour revenir chez lui. Mais arrivé vers la partie de la place qui avoisine la rue de Rivoli, il fut assailli par trois des individus qu'il venait de voir près du corps de garde; parmi eux était celui qui portait un chapeau gris. Ils le frappèrent de plusieurs coups, le renversèrent, déchirèrent ses vêtements : il fut tiré de leurs mains par quelques personnes qui survinrent. *Cauderan* se rendit avec peine chez l'un de ses amis, le sieur *Poulin*, qui lui donna les premiers secours. Le témoin dit que, s'il n'a pas déposé plus tôt de ces faits, c'est que, n'ayant jamais paru dans aucune affaire de ce genre, il s'est senti effrayé; mais qu'ensuite il a cédé aux conseils du sieur *Levasseur*, officier en retraite, qui l'a déterminé à faire sa déclaration. Les sieurs *Poulin* et *Levasseur* ont, chacun en ce qui le concernait, confirmé la déposition de *Cauderan*; le sieur *Poulin* a même ajouté, comme le tenant de *Cauderan*, qu'un des individus remarqués par celui-ci avait dit, avec une sorte de jurement: *Il a manqué son coup.*

Cauderan, confronté le 28 janvier 1841 avec *Darmès*, après l'avoir considéré attentivement, a déclaré le reconnaître pour l'homme qu'il avait vu, le 15 octobre précédent, sur la place de la Concorde. *Cauderan* a ajouté : «C'est bien là l'homme que j'ai vu se détacher «d'un groupe de quatre individus et aller se placer près «du poteau d'où il a tiré sur le Roi. J'ai remarqué qu'au «moment où il quitta ces hommes, il parut leur dire «quelque chose que je n'ai pas entendu.»

Le sieur *Fagard*, entendu le 2 novembre 1840, a déposé ainsi : «Je suis cantonnier aux Champs-Élysées, et «je travaille dans la partie la plus rapprochée des che-«vaux de Marly. J'étais occupé, le 15 octobre, entre «quatre et cinq heures, sur la portion nouvellement «plantée qui se trouve entre le fossé et les Champ-Élysées «du côté du pont.

«La nuit commençait à tomber, et elle était ce jour-là «accompagnée d'un peu de brouillard, lorsque je remar-«quai, à environ six pas de moi, deux individus dont un «en veste bleue, portant un chapeau, assez grand de «taille, pouvant avoir de 35 à 40 ans, ayant de gros fa-«voris, figure rouge, et l'autre plus petit, vêtu d'une re-«dingote de couleur foncée et couvert d'un chapeau. Ce «dernier individu me frappa parce qu'il avait le bras droit «collé contre le corps, et j'ai pu distinguer que sa main «droite était à moitié fermée comme si elle retenait quel-«que chose d'un peu long placé sous sa redingote, et qui «serait tombé sans cette précaution. Je le pris pour un «homme privé d'un bras ou manchot que je vois quel-«quefois passer dans les Champs-Élysées.

«Le premier des deux, celui qui portait une veste, se «détacha du second et vint me demander l'heure. Je lui «répondis qu'il pouvait être cinq heures moins un quart,

«Il ne m'adressa pas d'autres questions et fut rejoindre
«son compagnon, puis tous deux se dirigèrent du côté
«de la Seine. Je remarquai un instant après qu'ils n'a-
«vaient pas fait beaucoup de chemin, et qu'une mar-
«chande ambulante d'eau-de-vie rechargeait son panier
«sur sa tête, ce qui me fit penser qu'ils s'étaient arrêtés
«auprès d'elle.

« Vers cinq heures un quart, m'étant dirigé vers la
«descente du pont de la Concorde (côté des Champs-
«Élysées), je retrouvai ces deux individus, qui station-
«naient dans cet endroit, semblant attendre. Ils parlaient
«entre eux, et je remarquai que celui qui m'avait demandé
«l'heure gesticulait. Quelques instants après, je traversai
«le pont de la Concorde pour me rendre chez moi, au
«Gros-Caillou, et j'étais en face des Invalides lorsque
«j'entendis l'explosion, qui me fit l'effet d'un petit coup de
«canon. Je n'avais nullement pensé aux deux hommes
«dont je viens de vous parler; mais depuis, ayant lu dans
«le journal que *Darmès* n'était probablement pas seul,
«j'ai pensé que c'était lui qui était là, et je me suis em-
«pressé de faire à mon commissaire de police la déclara-
«tion des faits que je viens de vous exposer.»

Le témoin *Fagard*, confronté avec *Darmès*, l'a parfaitement reconnu pour l'homme qu'il avait vu semblant
tenir quelque chose sous sa redingote, et *Darmès*, tout
en soutenant qu'il était seul, avait dit que c'était ainsi
qu'il avait tenu sa carabine cachée sous sa redingote.

La femme *Feliza*, marchande de liqueurs, a déclaré
que, le 15 octobre, au lieu et à l'heure indiqués par
Fagard, elle avait rencontré deux individus à l'un desquels elle croyait avoir servi de l'eau-de-vie. *Darmès* est
convenu d'en avoir bu, à ce moment-là, un petit verre;
vous vous rappelez d'ailleurs que, suivant le sergent de
ville *Lemaire*, *Darmès*, au moment de son arrestation,
exhalait une odeur spiritueuse.

Le sieur *Gauthier,* gardien des Champs-Élysées, a vu, au moment de l'attentat, un individu venant du côté où le coup avait été tiré, et qui se sauvait vers la rue Royale.

Le jeune *Pascal* et la femme *Magistel* se trouvant dans l'avenue Marigny, vers six heures du soir, deux hommes passèrent en courant à côté d'eux; l'un de ces hommes ralentit sa course, en disant: *Maintenant, nous voilà sauvés... Nous n'avons plus rien à craindre,* ou *Il n'y a plus de danger!*

D'après ces témoignages, *Darmès* n'était pas seul lorsqu'il a commis le crime. D'autres déclarations indiqueraient que, pour en préparer l'exécution, les jours précédents, il était venu, toujours accompagné, reconnaître les lieux.

La femme *Saint-Gaudiens* a déclaré, le 24 octobre, que le 14, entre midi et une heure, elle se trouvait près du pont de la Concorde, en face du corps de garde, où elle s'arrêta un instant. Elle vit là deux hommes de mauvaise mine et qui paraissaient attendre quelque chose; l'un d'eux, de petite taille, vêtu d'une redingote de couleur foncée, en gros drap, coiffé d'un chapeau noir très-enfoncé sur les yeux: sa redingote était boutonnée, et il semblait avoir sous ses vêtements quelque chose qui le gênait; il avait de petites moustaches claires; ses cheveux étaient plutôt blonds que châtains. Son compagnon était plus grand, mince, blond, la figure un peu pâle; il portait une casquette et avait ôté sa redingote. Quand les gendarmes de service venaient à passer, ces hommes simulaient un besoin. Ils regardaient la femme *Saint-Gaudiens* avec défiance, surtout le plus petit. Elle fut effrayée. Un waggon de la Maison du Roi vint à passer; le plus petit dit à l'autre: *Ah! voilà le waggon; il ne tardera pas à arriver....* De ce waggon descendit une dame qui traversa le pont. Cette déclaration a été confirmée par la déposition de la femme *Faure,* à qui le témoin avait rapporté ce qu'il avait vu, et par les indications qu'a fournies le service de la Maison du Roi, et particulièrement le sieur *Hénot,* valet de chambre de S. A. R. Madame *Adélaïde,* qui, sur le quai des Tuileries, près du pont de la Concorde, a remarqué deux individus de moyenne taille, l'un pouvant avoir cinq pieds deux pouces environ, âgé de 25 à 26 ans, portant un collier de barbe noire sous le menton, l'autre beaucoup plus petit. Au moment du passage du waggon, ils faisaient des gestes de mépris en s'adressant aux personnes qui l'occupaient.

Darmès avait avoué que, dans les jours qui ont précédé celui du 15 octobre, il était venu sur les lieux *pour prendre son point de mire :* le signalement donné par la femme *Saint-Gaudiens* s'appliquait exactement à lui; cependant elle ne l'a pas positivement reconnu. Mise en sa présence, elle a dit : « C'est bien la taille de l'un des « deux individus que j'ai vus; mais il me semble que « celui dont je veux parler avait la figure plus animée et « le chapeau plus enfoncé sur les yeux : je suis dans l'in-« certitude si c'est monsieur que j'ai vu.... C'est bien la « même forme, mais la figure était plus remplie; il a dû « beaucoup changer. »

Pour arriver à la découverte des complices dont l'existence était ainsi révélée par l'instruction, l'un de nos premiers soins a dû être de nous enquérir de l'origine de la carabine dont s'était servi *Darmès,* de celle des autres armes saisies sur lui, et de l'emploi de son temps dans la journée du 15 octobre et dans les jours précédents.

Dans ses premiers interrogatoires, *Darmès* s'était obstinément refusé à toute indication sur l'origine de ces armes; elles avaient été représentées, avec les débris de la carabine, à un grand nombre d'armuriers et de marchands brocanteurs: nul ne les avait reconnues. Plus tard, *Darmès* prétendit qu'il tenait le poignard de la domestique

d'un locataire de la maison rue du Faubourg-Poissonnière,
n° 33; qu'il avait acheté les pistolets d'un inconnu, dans
la rue, et que sa femme avait dû les voir en sa possession;
qu'il avait acheté, il y avait environ un an, la carabine
chez un brocanteur, place de la Bourse.

La domestique de qui *Darmès* disait tenir le poignard
n'a point été retrouvée. La femme de *Darmès*, en paraissant confirmer, pour le poignard, la déclaration de son
mari, l'a démenti relativement aux pistolets; elle a dit:
«Au surplus, j'affirme que je n'ai jamais vu d'armes en
«sa possession.»

Quant à la carabine, un sieur *Capet*, marchand brocanteur, place de la Bourse, crut la reconnaître pour l'avoir vendue, il y avait à peu près un an, peu après l'avoir
achetée à l'hôtel des commissaires-priseurs; il produisit
le bulletin de cet achat, en date du 21 octobre 1839;
l'arme y est désignée sous le nom d'*espingole*. Confronté
avec *Darmès*, il ne le reconnut pas d'abord pour l'acquéreur; *Darmès* le reconnut pour le vendeur, et dit qu'il
avait emporté chez lui la carabine en la cachant sous sa
redingote, et qu'il l'avait toujours tenue dans sa malle
où elle était placée diagonalement; il indiqua quelques
circonstances du marché; *Capet* se les rappela et finit
par reconnaître *Darmès.* Le commissaire-priseur *Debergue* crut aussi reconnaître les débris qu'on lui représentait comme appartenant à la carabine vendue à *Capet,*
et dit qu'elle venait d'un sieur *Tourasse ,* et qu'elle faisait
partie de plusieurs objets de curiosité expédiés d'Alger
à ce dernier par un sieur *Descousses.* Mais le sieur *Tourasse* méconnut formellement cette provenance, et déposa
le catalogue des objets qu'il avait été chargé de vendre
pour le compte de *Descousses,* et où se trouvent désignés
trois *trambucos* ou *tromblons,* armes de prix et n'ayant
rien de commun avec la carabine dont il s'agit, qui est
une arme commune, fabriquée en Europe. Trois commis

3.

du sieur *Tourasse,* qui connaissaient parfaitement les armes vendues par l'intermédiaire du commissaire-priseur *Debergue,* firent une déclaration semblable. Le sieur *Manheim,* marchand de curiosités, qui avait expertisé ces armes, affirma que la carabine de *Darmès* n'en faisait point partie. «Cette carabine, dit-il, est de celles «dont on ne se sert guère que dans le Tyrol et la Suisse; «elle demande à être chargée à balle forcée, et le moindre «surcroît de charge expose à faire éclater le canon.» (*Darmès* avoue avoir chargé sa carabine avec une once et demie à deux onces de poudre, trois ou quatre chevrotines et cinq petites balles.)

Darmès était en contradiction avec *Capet,* en ce qu'il disait avoir acheté la carabine dans la première quinzaine de juillet 1839, époque qu'il précisait d'une manière positive, tandis que *Capet* ne pouvait avoir vendu cette arme que postérieurement au 21 octobre de la même année, date du bulletin du commissaire-priseur. *Darmès* avait aussi dit aux témoins *Ballefin* et *Tournier* qu'il avait chez lui une carabine de prix qu'il s'était procurée dans les journées de juillet.

Capet, entendu de nouveau, convient qu'il n'était pas certain d'avoir vendu la carabine dont s'était servi *Darmès;* que l'erreur du commissaire-priseur *Debergue* avait entraîné la sienne; que seulement il avait vu *Darmès* deux fois dans sa boutique, et lui avait vendu l'une des deux espingoles désignées au bulletin de vente, qui était évasée du bout et n'avait pas de cannelure; que sans doute *Darmès* la lui avait rapportée, et qu'il l'avait vendue à une autre personne. Cette dernière partie de la déclaration du témoin s'accorderait assez avec celle d'un sieur *Benoît* (*François*), qui, dans les premiers mois de 1840, aurait vu dans la malle de *Darmès,* demeurant alors rue de Trévise, «un petit fusil qu'il paraissait mettre quelque «soin à cacher.» Cette arme, dont la bouche était évasée en forme d'espingole, était placée dans la longueur de

la malle, sur le devant. Il a été constaté, par expertise,
que la carabine instrument du crime, placée comme le
témoin a vu l'espingole, ne pouvait tenir dans la malle
de *Darmès*. Il faut aussi ajouter que *Lefort* fils, qui a
opéré le déménagement de *Darmès,* de la rue de Trévise
à son dernier logement, n'a vu aucune arme semblable.

Quelle que soit l'obscurité qui règne encore sur cette
partie des faits, il semble établi que *Darmès* a mis tous
ses soins à dissimuler la vérité relativement à l'origine de
ses armes; que la carabine dont il s'est servi ne peut être
ni celle dont il a parlé aux témoins *Ballefin* et *Tournier,*
ni l'espingole que *Benoît* aurait vue dans sa malle, ni
l'arme que *Capet* lui aurait vendue. Nous allons examiner
s'il n'est pas également établi que ce n'est pas dans sa
propre chambre que, le 15 octobre, *Darmès* a pris cette
carabine pour aller commettre l'attentat.

Aux interpellations qui lui ont été adressées sur l'emploi de son temps dans les journées des 14 et 15 octobre,
Darmès a répondu : «Le 14, après avoir quitté mon ou-
«vrage, je suis rentré dans ma chambre; j'en suis sorti,
«vers midi, pour aller place de la Concorde : là, j'ai ob-
«servé l'emplacement et le point de mire où je devais
«agir... J'étais seul. Le 15 octobre, j'ai travaillé comme
«de coutume à l'Assurance parisienne; j'en suis sorti vers
«dix heures, pour aller déjeuner rue de Provence, au
«*Cadran-Bleu.* Je suis retourné aux Assurances vers
«les onze heures, parce que j'avais une copie à y faire;
«j'ai quitté l'administration entre onze heures et midi; je
«suis rentré chez moi vers une heure; je suis sorti pour
«une demi-heure et rentré vers une heure et demie.....
«J'ai convoqué pour quatre heures mon tribunal révolu-
«tionnaire, composé de Rousseau, Mably et moi. Après
«avoir examiné la position de la France, tant à l'intérieur
«qu'à l'extérieur, je me suis décidé, armé, et je suis parti
«à cinq heures moins un quart. A cinq heures j'étais sur
«la place de la Concorde.»

Il a été constaté qu'effectivement *Darmès* s'était rendu, le 15 octobre, de bonne heure, dans les bureaux de l'Assurance parisienne pour y faire son service; qu'il est sorti pour quelques instants à l'heure du déjeuner; qu'il est revenu et s'est occupé à copier un règlement de la société des Communistes, dont l'original ainsi que cette copie commencée ont été saisis dans son domicile; qu'il a quitté définitivement les bureaux vers onze heures, en costume de frotteur. Pour tout le reste, il est en contradiction avec tous les témoins. D'abord, il n'a pas déjeuné rue de Provence, au Cadran-Bleu : le maître de cet établissement, son frère, sa femme, son garçon, ont déclaré connaître parfaitement *Darmès,* qui vient souvent chez eux, mais ne l'avoir pas vu dans la matinée du 15 octobre, où ils y sont constamment restés. *Darmès,* sorti du bureau des Assurances vers onze heures, n'est rentré chez lui que vers midi et quart; il est reparti très-peu de temps après, a bu un verre de vin avec le fils du portier *Lefort,* dans le cabaret du sieur *Sabbini,* en face de sa demeure, et il n'est plus rentré. Les déclarations de *Lefort* père et fils sont positives à cet égard. Le sieur *Sauzet,* sellier, dans la même maison, affirme également que *Darmès* n'a pas reparu dans l'après-midi à son domicile. Le sieur *Demonchy,* facteur de pianos, aussi dans la même maison, déclare : « Je déjeune ordinairement entre midi et une « heure, et, le 15 octobre, me trouvant dans la cour pen- « dant cet intervalle, j'ai vu *Darmès,* son chapeau sur la « tête, et vêtu de sa redingote, descendre son escalier « pour s'en aller. Je ne l'ai pas revu depuis... Pour peu « qu'on fît du bruit dans la chambre de *Darmès,* j'enten- « dais de mon appartement; j'entendais aussi parfaitement « monter et descendre, et j'affirme que depuis une heure « je ne l'ai pas revu, et que je n'ai rien entendu dans sa « chambre ni dans l'escalier.»

Lefort père et son fils ont déposé d'une circonstance

très-importante : ils ont dit que *Darmès,* lorsqu'il avait quitté sa chambre, était coiffé d'un chapeau, vêtu d'une redingote bleue non boutonnée et dont les basques étaient flottantes; qu'il avait les bras libres, et qu'ils étaient bien certains qu'il n'avait pas sa carabine.

Interrogé de nouveau sur ces faits, *Darmès* a soutenu que les témoins en imposaient : il est convenu cependant que, vers une heure, il avait bu, chez *Sabbini,* avec *Lefort* fils ; mais une nouvelle déposition est bientôt venue le forcer à donner d'autres explications.

Darmès avait été employé, et l'était même encore, en qualité de frotteur, chez la dame *Marchand.* Le 15 octobre, entre trois et quatre heures, cette dame le rencontra dans le haut du faubourg Montmartre; il avait l'air très-pressé, et se dirigeait vers Montmartre. La dame *Marchand* le regarda à deux reprises et le reconnut bien quoiqu'il eût l'air de ne pas se soucier de la voir. «Il était, «dit-elle, beaucoup plus propre que de coutume; je ne « l'avais jamais vu si beau : il portait une redingote bleue «très-longue, ouverte, un gilet vert à carreaux noirs, «comme un tartan. » Le témoin, qui a pu remarquer la couleur de ce gilet, est dès lors bien sûr que *Darmès* n'avait rien sous cette redingote; ses mains étaient libres. Au moment de cette rencontre, la dame *Marchand* se dirigeait sur le boulevard; *Darmès* et elle se sont croisés.

Darmès, interrogé le 16 décembre, est convenu alors qu'il était sorti de chez lui vers deux heures pour dîner; qu'il avait fait quelques tours dans le quartier, puis qu'il s'était rappelé qu'il devait 1 franc 25 centimes à un nommé *Considère,* qui tient, ou plutôt dont la femme tient un cabaret à Montmartre; qu'il était allé payer sa dette, et avait dîné dans ce cabaret; qu'à trois heures un quart il avait quitté Montmartre, s'était rendu chez lui pour s'armer, et était reparti à cinq heures moins un quart.

Darmès avait eu bien soin de garder le silence sur ce dîner à Montmartre; prévoyant même qu'on pourrait lui demander où il avait dîné le 15 octobre, il s'était empressé de dire que, vers deux heures, il avait mangé dans sa chambre. Dans son interrogatoire du 16 décembre, en confessant qu'il est allé chez *Considère,* il ajoute, avant toute question sur ce point, qu'il n'a pas vu *Considère,* dont la femme et la mère étaient seules dans l'établissement. Il prétend en être sorti à trois heures un quart, ce qui semble impossible. En effet, la dame *Marchand* l'a rencontré y allant, entre trois et quatre heures, rue du Faubourg-Montmartre. *Considère* demeure dans le haut de Montmartre; la préparation du repas, le repas lui-même ont demandé du temps: si *Darmès* se trouvait, au plus tard, à cinq heures place de la Concorde, comme il en convient, il n'a pu retourner chez lui prendre ses armes, et il résulte de la déclaration des témoins entendus qu'il n'y est pas retourné. Mais, s'il ne s'est pas armé chez lui, où a-t-il donc pris ses armes? C'est ce que *Darmès,* dans l'intérêt de ses complices, s'efforce de dissimuler à la justice.

Darmès a avoué, plus tard, que le 15 octobre, vers midi, il était venu sur la place du Carrousel pour voir si le Roi était arrivé à Paris, et qu'après s'en être assuré, il était revenu immédiatement chez lui.

En résumé, tout semble indiquer que, le 15 octobre, *Darmès,* en sortant des bureaux de la compagnie d'assurances, est allé au Carrousel s'assurer de l'arrivée du Roi; que, rentré un moment chez lui pour prendre sa redingote qui lui était nécessaire pour cacher sa carabine, il est ressorti bientôt après afin d'aller chercher ses armes qu'il n'a pas emportées de chez lui, puisque de nombreux témoins l'ont vu sortir sans elles, et qu'il n'est pas rentré; que la recherche de *Considère,* la course à Montmartre, ailleurs peut-être, n'ont eu que ces armes pour objet. On ne pourrait croire, en effet, que sachant le Roi arrivé, étant décidé à exécuter son crime, ayant besoin de s'en procurer le plus tôt possible les instruments, ne pouvant prendre trop de précautions pour les cacher, il se soit distrait, pendant plusieurs heures, de ce grand intérêt pour aller payer une misérable dette d'un franc et quelques centimes, quand il en avait bien d'autres qu'il devait être plus pressé d'acquitter.

Ces complices de *Darmès*, dont l'existence devenait chaque jour plus certaine, qui ont dû procurer les armes et prêter leur assistance pour l'exécution du crime, nous n'avons rien négligé pour les découvrir. C'est à l'étendue de nos investigations, au temps qu'elles ont exigé, qu'il faut particulièrement attribuer la durée de l'instruction, suspendue à l'égard de *Darmès* jusqu'à sa guérison.

Il est inutile de vous rendre compte de quelques arrestations faites le jour même de l'attentat, et les premiers jours qui l'ont suivi; les individus arrêtés ont détruit, par leurs explications, les soupçons élevés contre eux.

Il avait été saisi sur *Darmès*, au moment de son arrestation, un écrit intitulé : « Qualités de l'homme vraiment moral, » contenant quelques maximes adoptées par les communistes; au dos se trouvait cette annotation : « *Halot*, peintre en porcelaine, rue d'Angoulême, n° 14. *Dutertre* j°. » *Halot* et *Dutertre*, son ouvrier, ont été arrêtés, et des perquisitions ont été faites à leurs domiciles. Il n'est résulté de l'instruction aucun fait qui les rattachât directement à *Darmès:* il a seulement été reconnu que tous deux appartenaient à la société des Communistes; qu'ils avaient assisté aux banquets de Belleville et de Châtillon; qu'*Halot* avait déjà été poursuivi trois fois pour délits politiques, notamment en 1836, lors du procès fait à l'association dont *Blanqui* était l'un des chefs. Le papier sur lequel les noms d'*Halot* et *Dutertre* étaient inscrits avait été remis à *Darmès* par un ouvrier mécanicien nommé *Borel*, dont nous vous entretiendrons plus tard.

D'autres recherches ont produit des résultats plus importants.

Duclos (Valentin), âgé de 44 ans, conducteur de cabriolet, demeurant à la Chapelle-Saint-Denis, passage de la Goutte-d'Or, n° 4.

Valentin Duclos, propriétaire et conducteur de cabriolets de remise, était signalé comme ayant eu de fréquents rapports avec *Darmès*, surtout à l'époque des coalitions d'ouvriers. Arrêté le 20 octobre, et interrogé le même jour, *Duclos* prétendit qu'il ne connaissait qu'indirectement *Darmès :* « C'était, dit-il, un homme un peu «exalté; je me gardais bien de l'entretenir dans ses idées: «du reste, je n'avais avec lui aucune relation intime. » On lui demande s'il n'a pas eu avec *Darmès* « quelque «conversation sur l'attentat du 15 octobre. » Tout à coup il se trouble, il s'écrie: « Je vois qu'on veut me perdre...; «je vois qu'on est indisposé contre moi, » et il refuse de répondre davantage. Il dit cependant, vers la fin de l'interrogatoire : « Je ne vois pas pourquoi on m'accuse. «Ma politique est d'être homme moral, et je n'ai rien à «me reprocher.... Je puis avoir des idées; mais jamais je «ne me mêlerai d'un assassinat, parce que ce n'est pas là «de la politique. »

Des perquisitions successives firent découvrir au domicile de *Duclos* 1,295 *cartouches à balles en poudre de guerre,* environ SEPT KILOGRAMMES *de poudre,* tant de guerre que de chasse, un bonnet phrygien en coton rouge, une grande quantité de journaux, brochures, écrits républicains et communistes; on y saisit aussi une pétition pour la réforme électorale, portant sa signature accompagnée de quelques autres; les cartouches, poudre, balles, étaient cachées dans un grenier à fourrages, sous des bottes de foin.

Duclos soutenait que ces cartouches étaient chez lui depuis quatre ou cinq ans; qu'elles lui avaient été con-

fiées, à titre de dépôt, par un monsieur qu'il ne connaissait pas, et qu'il avait seulement conduit quatre ou cinq
fois dans son cabriolet; qu'il ne savait même pas d'abord
que le paquet remis entre ses mains contînt des cartouches. Ces assertions ont été formellement démenties
par *Charles,* cocher de cabriolet chez *Duclos. Charles* a
déclaré, le 21 novembre, que les cartouches avaient été
fabriquées par *Duclos* lui-même; au mois de juin 1840,
il y travaillait encore. Le témoin a vu dans la chambre à
coucher la boîte dans laquelle était la poudre. Presque
tous les matins, *Duclos* emportait trois ou quatre paquets
de cartouches dans le coffre de son cabriolet; ensuite il
les portait, cachées dans sa musette à avoine, à un endroit que *Charles* ignore. *Duclos* cherchait à se cacher
de lui témoin, qui n'a pas osé le suivre «parce qu'il crai-
«gnait quelque mauvais coup... *Duclos* était très-méchant
«et capable de tuer l'homme auquel il en aurait voulu.»

Duclos, interrogé le même jour, n'a pas contredit la
déclaration de *Charles.* «Je m'expliquerai là-dessus lors
«du jugement..., a-t-il dit; je n'ai pas besoin de vous dire
«où je portais ces cartouches, puisque vous le savez.»

Les poudres trouvées chez *Duclos* ont été soumises à
des experts; il a été constaté qu'elles provenaient d'une
fabrication clandestine, et que la poudre à gros grain of-
frait beaucoup d'analogie avec celle qui a été saisie rue de
l'Oursine, sans que les experts, cependant, pussent af-
firmer qu'elles avaient toutes deux la même origine.

Duclos avait été soupçonné d'avoir pris part à l'insurrection des 5 et 6 juin 1832 : on assurait l'avoir vu
aux barricades de la rue Saint-Méry. Les charges n'ayant
pas paru suffisantes, il fut renvoyé de la poursuite. Ses
camarades de la garde nationale refusèrent alors de le
laisser rentrer dans leurs rangs. Un papier saisi lors des
dernières perquisitions faites chez lui prouve que, dès
cette époque, il appartenait aux sociétés secrètes, et que

4.

même il y occupait un grade. On lit sur ce papier :
«Reçu du citoyen président de la société 4 francs. 13 dé-
«cembre 1832. Signé *Delente.*» *Duclos* a dit qu'il ne savait pas comment ce papier s'était trouvé chez lui; mais
deux témoins l'ont expliqué. Le sieur *Milon* a déclaré
que *Duclos,* d'abord simple sectionnaire dans la société
des Droits de l'homme, était devenu plus tard chef de
section dans la 2ᵉ série ; *Milon* faisait alors partie de la
même société, qu'il abandonna depuis. Le sieur *Desma-*
rets, voisin de *Duclos,* a déposé avoir entendu *Milon* se
plaindre vivement de ce que *Duclos* l'avait entraîné, et
dire qu'il ne l'écouterait plus; qu'il l'avait connu chef
d'une société secrète.

Tout semble établir que, depuis cette époque, *Duclos*
a persisté dans les mêmes dispositions. Ses voisins s'ac-
cordent à dire qu'il avait les opinions politiques les plus
exaltées, qu'il affichait une grande haine contre le Gouvernement, et qu'il paraissait avoir sous ses ordres un assez
grand nombre d'hommes dans les mêmes sentiments que
lui. Le sieur *Desmarets* dit que *Duclos* était un objet
d'effroi pour tous ceux qui le connaissaient; le sieur
Mirault, qu'il en a entendu parler comme d'un homme
très-exalté. Le sieur *Mathieu* a déclaré : «Je ne vois plus
«*Duclos* à cause de ses mauvaises opinions politiques, et
«parce qu'ayant voulu me faire entrer dans les sociétés
«des Droits de l'homme et des Saisons, il m'a pris en
«haine à cause de mes refus..... Il était lié avec beau-
«coup de républicains..... J'ai entendu dire qu'il avait
«reçu de l'argent pour faire fabriquer des cartouches.....
«Je me rappelle lui avoir entendu dire : *Le Roi.... son*
«*cœur serait là, j'y mordrais bien dedans. Il ne vivra*
«*pas longtemps; au premier instant on le descendra.* »
Chèvre a su que *Duclos* était le chef d'une société où
l'on chantait des chansons hostiles au Gouvernement.
La dame *Humbert,* marchande de vin, rapporte qu'un

Voir les déposi-
tions de ce témoin,
p. 485 et suiv. du
volume de la procé-
dure.

jour, cette société s'étant réunie chez elle, un verre fut lancé contre le buste en plâtre du Roi et le brisa. Le lendemain, un des sociétaires apporta un autre buste ayant une corde au cou. *Duclos* avoue que ces faits se sont passés en sa présence.

Un témoin avait dit que *Duclos* passait pour avoir à sa disposition des fonds pour acheter des munitions et solder les hommes placés sous ses ordres : ses livres et papiers ont été examinés par un expert teneur de livres, et il est résulté de cet examen que, du 1ᵉʳ janvier 1839 au mois de novembre 1840, il avait dépensé environ 7,000 francs de plus qu'il n'avait reçu, sans compter les dépenses d'entretien et de nourriture de lui et de sa famille. *Duclos* a prétendu que son registre ne contenait pas la mention de toutes ses recettes, qu'il fallait en ajouter quelques autres qu'il a indiquées; mais, en admettant ces allégations non justifiées, il resterait encore une grande différence dont il ne peut rendre compte.

Après avoir ainsi fait connaître *Duclos,* nous allons exposer quelles ont été ses relations avec *Darmès,* relations dont tous deux se sont efforcés de dissimuler l'intimité.

On a trouvé chez *Duclos* un livre sur les maladies des chevaux portant ces mots : « Donné à *Duclos* par son «ami *Marius.* » *Marius* est l'un des prénoms de *Darmès,* qui avoue avoir écrit ces mots et donné le livre à *Duclos,* qui en convient.

Les témoins *Mack, Desmarets, Mathieu,* voisins de *Duclos,* ont vu souvent *Darmès* chez lui; tous deux causaient ensemble dans la cour.

Le témoin *Charles* voyait continuellement *Darmès* à la station de *Duclos.* Dans les deux mois qui ont précédé l'attentat, il se passait rarement deux jours sans qu'il y vînt. *Darmès* allait à la barrière boire avec *Duclos,* sa sœur et la fille *Poutrelle,* sa concubine.

Tous les cochers de la station ont déposé de ces relations.

La femme *Sinet,* concierge de la maison où a logé *Darmès,* rue de Trévise, a vu plusieurs fois celui-ci conduit à la barrière dans le cabriolet de *Duclos,* surtout au moment des coalitions.

Ils étaient ensemble au banquet de Belleville et en sont revenus ensemble; *Duclos,* qui l'avait d'abord nié, en est convenu depuis.

Tous deux fréquentaient les mêmes cabarets, celui de *Lespinasse,* celui de *Brisedou,* celui de *Considère.* Le sieur *Bourson,* marchand de vin, à Montmartre, déclare que, le dimanche qui a précédé l'attentat, *Darmès* et *Duclos* sont venus boire ensemble chez lui; la femme *Bourson,* qui les a servis, dit que c'est trois ou quatre jours seulement avant l'attentat. La fille *Poutrelle* les accompagnait; ils paraissaient se promener tous ensemble. La veille du jour du crime, *Darmès* et *Duclos* buvaient ensemble, le soir, dans le cabaret tenu par la femme *Bertrand,* à La Chapelle. Cette femme les connaissait tous deux; elle se rappelle bien les avoir vus tous deux chez elle, le 14 octobre au soir. Confrontée avec eux, elle les a reconnus et a persisté dans sa déclaration.

Darmès a toujours donné de fausses indications sur le lieu où il avait déjeuné le matin même du 15 octobre; *Mathieu* a déclaré qu'il avait entendu dire par des cochers de cabriolet que, ce jour-là, *Duclos* et *Darmès* avaient déjeuné ensemble dans le même cabaret. *Darmès* voulait payer; *Duclos* l'arrêta, en lui disant: «*Non, non, tu es «un brave; c'est moi qui paye aujourd'hui.*» Les cochers qui auraient rapporté ce fait à *Mathieu* n'ont pas été retrouvés, mais le témoin affirme qu'ils lui en ont parlé très-peu de temps après l'attentat.

Il paraîtrait que *Darmès* avait eu un moment la pensée d'entrer comme cocher au service de *Duclos,* et que les permissions trouvées chez lui avaient été demandées dans cette intention.

L'instruction aurait donc établi les relations intimes de *Duclos* avec *Darmès* pendant les jours qui ont précédé l'attentat, la veille et le jour même de son exécution. Le surlendemain, *Duclos* s'étant présenté chez la femme *Bertrand*, celle-ci lui dit que *Darmès* en était l'auteur. *Duclos* pâlit, parut troublé, et assura qu'il n'en était rien; cependant il ne l'ignorait pas. Le 16 octobre, il disait devant ses cochers, en parlant du crime de *Darmès :* «Je «suis pourtant un franc républicain, mais je n'aurais pas «attenté à la vie du Roi. »

Aimé Borel, ouvrier mécanicien, né en Suisse, et qui s'était réfugié en France à la suite de troubles politiques, en 1833, avait été indiqué aussi comme appartenant à la société des Communistes, et comme étant particulièrement lié avec *Darmès* et *Duclos ;* il avait pris une part active aux coalitions d'ouvriers, et avait même été soupçonné d'être l'un des auteurs du meurtre d'un sergent de ville, lors de l'envahissement de l'atelier du sieur *Pihet.* Nous devons dire cependant que les déclarations de deux témoins entendus dans l'instruction semblent atténuer ce soupçon. Dans les premiers jours de septembre, *Borel* avait quitté brusquement l'atelier où il travaillait; il était allé se cacher dans le cabaret de la femme *Bertrand,* qui vit avec son frère *Charles Borel,* et l'on savait qu'il avait eu, là, une longue et mystérieuse conférence avec *Darmès* et *Duclos.* Ne se croyant pas en sûreté, il était parti vers le 15 septembre, sous le faux nom de *Tessier,* pour Ham, où l'appelait le nommé *Racarie,* autre ouvrier mécanicien, communiste comme lui. A Ham, ils avaient tenu des propos qui témoignaient de leur haine ardente contre le Roi. Après le départ de *Borel, Darmès* et *Duclos* étaient allés chez la femme *Bertrand* pour savoir de ses nouvelles,

Borel (Charles-Aimé), âgé de 27 ans, ouvrier mécanicien, né dans le canton de Neufchâtel (Suisse), demeurant à Paris, rue Neuve-Coquenard, impasse de l'École.

et c'est à cette occasion qu'elle les avait encore vus tou
deux ensemble, dans son cabaret, le 14 octobre. On av a
lieu de croire que *Borel* était revenu secrètement à Paris
avant l'attentat et pour aider à le commettre, et l'on avait
appris qu'il était reparti pour la Suisse, vers le 22 octobre.
Son extradition fut obtenue; mais, pendant qu'elle s'opé-
rait, de nouveaux renseignements vinrent écarter de lui
au moins le soupçon de complicité directe : en effet, il
fut constaté que, de Ham, *Borel* et *Racarie* étaient allés
successivement à Arras, Douai et Boulogne; que, partis
avec précipitation de Boulogne pour Paris, à pied, ils
avaient pris la diligence à Beauvais, le 15 octobre, dans la
soirée, et qu'ils n'étaient arrivés que le 16 à Paris. Ce
même jour, *Borel* reparut chez la femme *Bertrand,* qui
lui apprit le crime commis la veille. *Borel* lui dit qu'il
descendait de la diligence, ajoutant : «J'arrive au bon
«moment. » *Borel,* en quittant la femme *Bertrand,* était
allé rejoindre sa femme et le sieur *Juin,* son beau-frère;
il revint bientôt chez la femme *Bertrand,* évitant d'y être
vu, ne sortant pas: il y demeura jusqu'à son départ pour
la Suisse.

Dans les premiers interrogatoires des 26, 28 et 31 décembre 1840, *Borel* a nié tous les faits qui lui étaient
imputés, ou n'a répondu que d'une manière évasive;
mais, dès le 13 janvier 1841, il paraît avoir mieux compris sa position, et, tout en persistant à soutenir qu'il n'a-
vait point tenu dans les coalitions d'ouvriers la conduite
qu'on lui imputait, que sa conversation avec *Duclos* et
Darmès, chez la femme *Bertrand,* n'avait point eu la
politique pour objet, enfin qu'il n'avait pris aucune part
u crime de *Darmès,* il a fait des aveux, incomplets sans
doute, qu'il importe de recueillir.

Borel avoue être entré dans la société secrète des *Communistes,* en juin 1840 : il y a été introduit par un nommé
Tourangeau; Darmès et *Duclos* en étaient avant lui. Il

était *chef de fabrique;* il désigne parmi les sept ou huit chefs principaux nommés *agents révolutionnaires, Périès* dit *Champagne, Lionne, Dutertre,* et, plus tard, *Jules Rosier,* un autre *Rosier, Guéret* dit *le Grand-Louis, Martin* dit *Albert, Édouard Moustache.* C'est lui qui avait remis à *Darmès* les *qualités de l'Homme moral* et le règlement trouvé chez *Darmès;* il les tenait de *Champagne,* son chef immédiat; il a fait chez ce dernier, avec un ouvrier mécanicien, l'essai d'une poudre dont l'explosion a lieu sans bruit.

Il sait que la société avait de la poudre, des armes, on a aussi parlé devant lui d'une composition chimique destinée à asphyxier les troupes, et dont on attendait un grand effet; il donne sur cette société et sur celle des *réformistes* des indications confirmées par les pièces que nous mettrons bientôt sous vos yeux. Dans son interrogatoire du 17 janvier, *Borel* dit qu'il y a deux branches de communistes, l'une «qu'il ne croit pas être pour les «moyens violents, l'autre, *les communistes immédiats,* «qui veulent renverser le Gouvernement actuel, n'importe «par quels moyens.» *Darmès* appartenait à ces derniers, qui paraissent dirigés par *Pillot.* Il croit que *Duclos* en était, ainsi que *Belleguise,* charron, et *Lembrun,* marchand de vin. *Borel* a entendu chez *Considère,* des conversations sur un dépôt d'armes et sur les moyens d'attaque de la société. Parmi les communistes qu'il a signalés, il en est plusieurs qu'il a vus chez *Considère,* ou qui s'y rendaient habituellement; ils se rencontraient, là, avec *Darmès* et *Duclos.*

Borel, confronté avec tous les individus dont il avait parlé, a persisté dans ses déclarations.

Il faut rapprocher de ces révélations de *Borel* les déclarations du nommé *Carter,* poursuivi pour avoir fait partie d'associations illicites et comme prévenu d'être auteur ou complice de l'assassinat du maréchal des logis *Lafontaine.* Dans son interrogatoire du 24 décembre 1840

Carter avoue qu'il existe une association de communistes,
et qu'il connaît plusieurs de ses membres; il nie toutefois
en avoir fait partie. Il dit que cette association agissait
d'après des directions et des mots d'ordre donnés; qu'il a
assisté à plusieurs rendez-vous, notamment à un «qui
«avait été donné place de la Bourse pour aller demander
«la guerre chez l'un des Ministres. Cette démarche n'eut
«pas lieu attendu que le nombre des membres présents
«n'était pas suffisant. Il se présenta un garde national
«portant un habit de sous-officier, ayant une barbe brune,
«les traits pâles, qui, en passant près des membres pré-
«sents, leur dit que l'affaire était remise, qu'elle n'aurait
«pas lieu. On se le dit les uns aux autres et chacun s'en
«fut. Je disque cet individu parla aux membres présents,
«je me suis servi de cette expression parce que c'étaient
«des communistes qui se réunissaient en ce moment en ce
«lieu.»

Duclos a d'abord nié ses relations avec *Borel;* obligé
d'en convenir plus tard, il s'est borné à protester qu'elles
avaient toujours été étrangères à la politique. *Darmès,*
même en présence des dépositions et des reconnaissances
positives de la femme *Bertrand* et de sa fille, avait soutenu qu'il ne connaissait pas *Borel;* mais, le 18 février,
confronté avec la femme *Bertrand,* il a été forcé d'avouer
qu'il connaissait *Borel,* qu'il l'avait vu chez cette femme,
qu'il avait causé avec lui de l'organisation des *travailleurs
égalitaires.*

Ainsi des révélations de *Borel,* rapprochées des faits
constatés par l'instruction, il résulterait que *Duclos* et
Darmès appartenaient à la même société secrète, à la fraction la plus violente de cette société; qu'ils voulaient tous
deux « le renversement du Gouvernement par tous
«moyens, » et que *Duclos,* au mois de juin, préparait ces
moyens; qu'il était en rapport avec une fabrique clandestine de poudre, faisait des cartouches et les distribuait
dans Paris; que *Duclos* et *Darmès* ont assisté ensemble

aux banquets communistes et se sont mêlés aux scènes les plus tumultueuses des coalitions d'ouvriers; qu'ils étaient encore ensemble peu de jours avant le crime, la veille, le matin même du 15 octobre... *Duclos* ne serait-il pas l'un des individus qui accompagnaient *Darmès* lorsqu'il allait « prendre son point de mire » et lorsqu'il a commis l'attentat?

On a demandé plusieurs fois à *Duclos* de faire connaître l'emploi de son temps pendant la journée du 15 octobre, et même celles qui l'ont précédée; il s'est toujours renfermé dans des réponses générales et vagues. Il a dit qu'il avait travaillé comme à l'ordinaire; qu'il avait passé son temps, soit en courses, soit à l'une de ses stations, et que probablement, suivant son habitude, il était rentré chez lui à cinq heures. Enfin, dans son interrogatoire du 18 février, il a dit qu'il croyait bien se rappeler que la dernière personne conduite par lui était le sieur *Paul Trutin*, marchand de vin, faubourg du Temple. Le sieur *Trutin*, entendu le 27, a déclaré que *Duclos* ne l'avait pas conduit le 15 octobre; le sieur *Trutin* ayant vendu son établissement avait mis, ce même jour, l'acquéreur en possession, et n'est pas sorti.

Le sieur *Henot* a retrouvé dans *Duclos* la taille et surtout le profil de l'un des deux hommes qu'il avait vus, le 14, sur le quai des Tuileries. Le cantonnier *Fagard* et *Cauderan* n'ont pas reconnu *Duclos* pour l'un des hommes dont ils ont parlé; mais des propos échappés à *Darmès* donneraient beaucoup de force au soupçon que *Duclos* serait l'un de ces hommes.

Cazan, *Saugé* et *Jollois*, surveillants de *Darmès* à la Conciergerie, ont déclaré que, le 27 janvier, après son interrogatoire de ce jour, *Darmès* était fort agité. « Je «vois bien, dit-il, où ils veulent en venir. Ils veulent que «je sois parti avec quatre hommes pour la place de la «Concorde : eh bien oui, je n'étais pas seul; je ne leur ai «pas encore dit, mais je le leur dirai plus tard; qu'ils

5.

«cherchent s'ils veulent ceux qui étaient avec moi.» Sur
les observations qui lui furent adressées, il ajouta : «Est-
«ce que j'ai besoin de le leur dire ?·Je le leur dirai quand
«j'aurai vu mes pièces, mon acte d'accusation ; car, si mes
«coaccusés me chargent, ou s'ils me vendent entre eux,
«je me vengerai, je leur travaillerai les côtes ; je les ferai
«arriver à la barre.» Il dit encore : «Ils veulent des mar-
«tyrs ; je ne leur en fournirai pas.»

Les mêmes témoins ont aussi déclaré que, le 3 février,
vers onze heures du soir, *Darmès* s'étant mis à la fenêtre,
dit qu'il faisait bien froid ; que les hommes arrêtés dans
son affaire devaient en souffrir ; que lui, du moins, il
avait du feu. L'un des surveillants lui fit observer qu'en
disant la vérité, il pourrait abréger leur captivité. *Darmès*
ferma la fenêtre, se promena quelques instants dans la
chambre, et dit : «L'affaire de ce pauvre *Duclos* est bien
«embrouillée ; il sera sans doute condamné à vie ; je n'au-
«rais qu'un mot à dire pour faire tomber sa tête comme la
«mienne ; mais c'est un père de famille, il a une femme,
«une maison ; je ne dirai rien. Il n'y a que le témoin des
«Champs-Élysées qui pourrait lui faire bien du mal ; celui-
«là est mauvais..... mais il est tout seul ; sur sa seule
«déclaration, on ne pourrait pas condamner *Duclos* à
«mort, et puis ces messieurs verront bien que c'est un
«mouchard. »

Mis en présence de ces témoins le 26 février, *Darmès*
a reconnu la vérité de leurs déclarations, il a seulement
cherché à donner un autre sens à ses paroles : « D'après
« ce que je vois, a-t-il dit, je crains bien que la justice ne
« fasse un faux jugement. Le 27, en rentrant, j'ai dit au
« gardien, eh bien oui, je n'étais pas seul ; je voulais
« dire par là que, dans la France, il y en avait un grand
« nombre qui étaient comme moi, mais je ne voulais dé-
« signer personne. » Quelques instants après, lors de sa
confrontation avec *Saugé, Darmès*, se défiant de la va-
leur de cette interprétation, a changé de langage ; il est

convenu encore que « le témoin avait dit vrai; que lui,
« *Darmès*, avait bien confessé qu'il n'était pas seul, mais
« qu'il avait ajouté que les personnes inculpées n'étaient
« pas avec lui. » Quant aux propos du 3 février, *Darmès*
a prétendu qu'il avait voulu dire que « s'il était un scé-
« lérat, comme on le suppose, il pourrait en accusant,
« pour se sauver, *Valentin Duclos*, faire tomber sa tête. »

Enfin, dans un dernier interrogatoire, qui a eu lieu
sur la demande adressée à M. le Chancelier par *Darmès*
le 6 de ce mois seulement, interrogatoire dont il sera
donné lecture à la Cour, *Darmès* a cherché encore à
expliquer les paroles qu'il ne méconnaissait pas avoir été
prononcées par lui en présence de *Cazan* et *Saugé;* il
est de plus convenu que les pistolets saisis sur lui provenaient de la soustraction qu'il avait commise dans l'appartement de M. *Dutróne,* boulevard des Italiens.

Vous apprécierez, Messieurs, la portée des paroles de
Darmès et des explications qu'il donne.

Nos investigations successives et les révélations de
Borel nous ont amené à diriger contre un assez grand
nombre d'individus des poursuites dont nous ne croyons
devoir vous faire qu'un exposé sommaire, nous référant
pour de plus amples détails aux pièces qui vous seront
distribuées.

Pillot, auteur d'un grand nombre d'écrits communistes,
était signalé par *Borel* comme « le moteur de toute la ca-
« bale. » Mais il était en prison dès longtemps avant l'attentat, et aucun indice de complicité directe n'a été recueilli contre lui.

Des témoins avaient parlé de deux personnes dont ils
donnaient le signalement, qui venaient très-souvent à la
station de *Duclos,* et ne parlaient qu'à ce dernier, qui
quelquefois s'en allait avec elles. L'une de ces personnes
est le nommé *Brun,* employé dans un théâtre de Paris,
qui fut blessé dans les événements de juin 1832, et qui a
été par suite amputé d'un bras : on n'a rien trouvé de sus-
pect chez cet individu; l'autre est un peintre nommé

Pilloux, que *Duclos* a employé à la décoration d'une boutique; *Duclos* prétendait ne pas savoir son adresse, ce qui n'était pas vrai, de l'aveu même de *Pilloux,* mais ce qui pourrait s'expliquer par le résultat de la perquisition faite chez lui: on y a saisi un mousqueton, une paire de pistolets, des munitions, de la poudre de chasse et de la poudre à gros grains, provenant d'une fabrication clandestine. *Pilloux* a nié tout rapport politique avec *Duclos,* et a donné des explications inadmissibles sur les objets trouvés chez lui; il a prétendu n'avoir pas vu *Duclos* depuis plus d'un an, et, sur ce point, il a été démenti par plusieurs témoins. Du reste, aucun fait positif n'est venu le rattacher à *Darmès.*

Racarie (Louis-Auguste-François), âgé de 23 ans, mécanicien, né à Paris, y demeurant rue du Petit-Hurleur, n° 4.

Racarie, ouvrier mécanicien, dont nous avons déjà parlé, était signalé comme républicain et communiste. Il avait fait un premier séjour à Ham, où il était connu sous le nom de *la République,* et il y revint peu de temps avant *Borel.* Dans cette ville, il tenait, à cette dernière époque, des propos violents contre le Roi. « Si tout le monde était «comme moi, disait-il, on ferait sauter *Louis-Philippe.*»

Il suivit *Borel* à Arras, Douai, Boulogne, et il revint avec lui de Boulogne à Paris. Une vérification d'écriture, par expert, a constaté que le règlement trouvé chez *Darmès* était de la main de *Racarie.* Celui-ci a nié qu'il eût écrit ce règlement, qu'il fût communiste, et qu'il eût tenu les propos qu'on lui impute. Nous devons dire qu'une enquête faite sur sa conduite à Paris ne lui a pas été défavorable.

Périès dit Champagne (Antoine-Victor), âgé de 32 ans, tondeur de drap, né à Reims (Marne), demeurant à Paris, rue du Faubourg-Saint-Martin, n° 53.

Périès dit *Champagne,* apprêteur d'étoffes, avait été indiqué par *Borel* comme son chef immédiat dans la société des Communistes. C'était de lui que *Borel* tenait le règlement et l'écrit intitulé: *Qualités de l'homme moral,* qu'il avait remis à *Darmès. Borel* avait dit de plus qu'il avait quelquefois été question, entre *Champagne* et lui, des moyens d'attaque de la société des Communistes, et qu'à cette occasion, lui, *Borel,* avait parlé d'une poudre dont l'explosion faisait peu de bruit; qu'un essai de cette poudre avait eu lieu chez *Champagne*, avec un fusil à canne apporté par un mécanicien, et qu'on avait reconnu qu'elle n'avait que trop peu de force. Cette poudre composée a été soumise à des experts qui ont vérifié que le bruit de l'explosion était presque annulé, et qu'à une assez grande distance l'effet pouvait encore être meurtrier. Suivant *Borel*, *Champagne* serait du nombre des communistes qui ne veulent pas des moyens violents. «Je «serais bien étonné, dit-il, si *Champagne* connaissait *Darmès.* » *Champagne*, dans ses premiers interrogatoires, avait obstinément nié ses relations avec *Borel*, et tous les faits qu'on lui imputait : mais, le 2 février, lors de sa confrontation avec *Borel*, il est convenu qu'il le connaissait; que l'essai d'une poudre particulière destinée à la chasse aux faisans avait été fait chez lui, *Champagne*; qu'il avait remis à *Borel* les *Qualités de l'homme moral.* Il a soutenu cependant qu'il n'était pas de la société des Communistes.

Bouge, dit *le Gros Joseph*, est l'ouvrier mécanicien qui avait apporté chez *Champagne* le fusil à canne avec lequel eut lieu l'essai de la poudre composée. Dans la perquisition faite chez *Bouge* on a trouvé des chansons républicaines, un ouvrage communiste, deux canons de fusil coupés, avec culasses, longs d'environ 20 centimètres et disposés dans le système des fusils à canne. *Bouge* a nié l'essai de poudre, et toute relation avec *Borel;* il a prétendu qu'il n'avait point de fusil à canne, qu'il avait acheté en 1838, chez un marchand de la rue de Lappe, les canons trouvés chez lui, et dont il voulait faire un appareil de défense contre les voleurs. Il a soutenu qu'il n'avait jamais fait partie d'aucune société secrète.

Bouge, dit *le Gros Joseph*, dit *le Tourangeau*, (*Joseph-Dominique*), âgé de 41 ans, ouvrier-mécanicien, né à Maubeuge (Nord), demeurant à Paris, rue du Roi - de - Sicile, nº 12.

Borel avait dit qu'il avait entendu chez *Considère, Belleguise*, charron, parler devant un nommé *Deligny* d'un dépôt de fusils qui aurait été à la disposition des

Belleguise (*Etienne-Alexandre*), âgé de 50 ans, charron, né à Sainte-Mar guerite - de -l'Hostel (Eure), demeurant à Paris, rue de la Tour-d'Auvergne, n° 3.

communistes ; qu'il croyait que *Belleguise* ainsi que *Lemprun,* marchand de vin, étaient parmi les chefs de cette fraction la plus ardente de la société, que *Borel* appelle les *Communistes immédiats. Belleguise* a été arrêté; on a saisi chez lui des pamphlets communistes, entre autres *l'Almanach populaire, le Tribun du peuple,* et un écrit de sa main contenant des réflexions sur le système communiste. *Belleguise* a soutenu qu'il ne connaissait ni *Borel* ni *Deligny,* qu'il n'appartenait à aucune société secrète, et qu'il n'avait jamais parlé d'un dépôt d'armes. Il convient qu'il tenait un des pamphlets trouvés chez lui de *Pillot,* dont il fréquentait l'église, et chez qui il est allé plusieurs fois chercher des brochures. Il reconnaît qu'il était au banquet de Belleville, et qu'il y a vu *Lemprun.* Interrogé sur l'emploi de son temps le 15 octobre, il a prétendu n'avoir pas quitté l'atelier où il travaillait près de Montmartre: il résultait cependant d'une annotation de son carnet qu'il était sorti ce jour-là pour acheter des boulons et des clous. S'expliquant sur ce point, il a protesté qu'il n'était pas allé du côté de la place de la Concorde. *Borel* et *Belleguise,* confrontés, ont persisté, le premier dans ses déclarations, le second, dans ses dénégations.

Dorgal, ébéniste, et *David,* teneur de livres, avaient été signalés par *Borel* comme les chefs des réformistes, « autre société qui est groupée, dit *Borel,* et qui est « bien capable aussi de travailler à des révolutions. » *Dorgal* avait été poursuivi pour sa participation présumée à l'attentat de mai 1839, on a trouvé chez lui un fragment de lettre indiquant ses rapports avec *Herbulet,* condamné par vous et détenu au Mont-Saint-Michel; il a été saisi chez *David* quatre états ou tableaux avec des calculs tendant à établir le poids et le prix de canons et de fusils de munition. Tous deux ont soutenu qu'ils ne se connaissaient pas, et qu'ils n'appartenaient à aucune association. *David* a dit que les calculs trouvés chez lui

avaient été faits à la demande d'un sieur *Lissoire*, ancien colonel au service de *Don Miguel*, pour des canons
et des fusils qui lui appartiennent et sont encore à
Londres.

Guéret dit *le Grand-Louis*, ébéniste, avait été désigné
par *Borel* comme l'un des chefs de la société des Communistes, et l'un de ceux qui se réunissaient chez *Considère*. On a saisi chez lui des chansons républicaines,
des publications communistes, et une liste de souscription pour les frais d'une pétition en faveur de la réforme.
Guéret a prétendu qu'il ne connaissait pas *Borel*, qu'il
n'avait jamais été chez *Considère*, qu'il ne faisait point
partie des communistes, et qu'il n'avait jamais eu de
rapports avec *Darmès*. *Borel*, confronté avec lui, l'a
reconnu, et a dit qu'on lui donnait le nom de *Grand-
Louis*, qu'il passait pour avoir dans la société des Communistes le grade d'*agent révolutionnaire*. *Guéret* a
persisté dans ses dénégations.

Simard, horloger, était présenté aussi comme faisant
partie des communistes habitués du cabaret de *Considère*, et comme ayant eu de fréquents rapports avec
Darmès. Lors de l'arrestation de *Simard*, on trouva
chez lui le médaillon en bronze de *Robespierre*; il avait
été compromis dans l'affaire du *Moniteur républicain*;
c'est lui qui, au banquet de Belleville, sur lequel nous
reviendrons plus tard, porta le toast : « A la commu-
« nauté égalitaire ! » Il a reconnu qu'il était allé plusieurs
fois chez *Considère* et qu'il y avait vu *Darmès*; qu'avec
Darmès était un cocher, à collier de barbe noire, et
un teinturier nommé *Robert*, et qu'on avait causé de
l'abolition de l'argent; qu'il avait prêté à *Darmès* le pamphlet *Ni châteaux ni chaumières*, et le journal *l'Égalitaire*, et s'était trouvé avec lui au banquet de Belleville,
où était aussi *Robert*, et à celui de *Châtillon*; qu'ils

*Guéret dit le Grand-
Louis (Louis-Geor-
ges), âgé de 25 ans,
ébéniste, né à Belle-
Isle-en-Mer, demeu-
rant à Paris, rue
Saint-Gervais, n° 1.*

étaient revenus ensemble de ce dernier banquet, et qu'il empêcha *Darmès* de se mêler de la collision qui eut lieu à la barrière d'Enfer. *Simard* soutient cependant qu'il était étranger à la société des Communistes. Confronté avec *Duclos,* il l'a parfaitement reconnu pour le cocher à collier de barbe noire dont il avait parlé.

Robert (Jean), âgé de 32 ans, teinturier, né à Maison-Méane (Basses-Alpes), demeurant à Paris, rue des Cinq-Diamants, n° 9.

Robert, teinturier, indiqué par *Simard,* a aussi été arrêté. Quelques renseignements le signalaient comme ayant voulu établir une imprimerie clandestine. Peu de temps avant le 15 octobre, il aurait dit « qu'il était engagé dans une affaire grave, et qu'il y allait de sa tête; « enfin, on lui imputait d'avoir cherché à faire fabriquer des fusils-cannes pour un usage criminel. *Robert* a repoussé toutes ces imputations, et a même nié avoir jamais été chez *Considère* et avoir eu avec *Darmès* la conversation rapportée par *Simard.* Lors de leur confrontation, *Simard* a persisté dans ses déclarations, en ajoutant : « Je sais que «*Robert* est communiste.»

Martin dit *Albert* (*Albert-Alexandre*), âgé de 25 ans, mécanicien, né à Bury (Oise), demeurant à Paris, rue Vieille-du-Temple, n° 151.

Martin dit *Albert,* mécanicien, chez qui *Borel* avait couché deux nuits avant de partir pour Ham, et qu'il avait signalé comme l'un des chefs principaux des communistes, a également été arrêté. On a saisi à son domicile une grande quantité de pamphlets communistes. Interrogé, il a refusé de s'expliquer; à toutes les questions il répondait seulement : « Cela me regarde..........il «ne me convient pas de nommer la personne qui m'a «remis les objets trouvés chez moi. » Il a même refusé de signer son interrogatoire du 7 janvier, où il nie connaître *Borel,* qu'ensuite il a reconnu sous le nom d'*Aimé.* Il paraîtrait aussi qu'il connaissait *Duclos,* puisqu'à la Conciergerie il a cherché à se mettre en communication avec lui.

Les investigations dirigées contre *Lionne* n'ont produit aucun résultat.

On a trouvé chez *Lamprun* ou *Lambrun*, *Rosier*, *Queyras*, *Édouard* et *Lefuel*, une grande quantité de publications communistes; l'information a révélé toute l'immoralité de ce dernier et de ceux qu'il recevait chez lui.

En résumé, les perquisitions faites chez tous ces individus, les renseignements acquis sur eux nous ont appris que, pour la plupart, ils étaient affiliés à la société des Communistes, et qu'ils avaient eu avec *Darmès*, *Duclos* et d'autres inculpés des rapports plus ou moins intimes. Certaines circonstances de ces rapports étaient de nature à provoquer contre eux des soupçons de complicité avec *Darmès*, mais paraîtraient-elles suffisantes pour déterminer leur accusation ? Ils pourraient d'ailleurs, à d'autres titres et devant une autre juridiction, être l'objet de poursuites particulières.

Votre attention doit se fixer davantage sur un homme dont, bien des fois déjà, vous avez entendu le nom, sur *Considère*. *Considère* s'était fait remarquer par sa violence dans le parti républicain. Condamné dans l'affaire des *Tours Notre-Dame*, ainsi que *Deganne*, dont il a épousé la fille, ils durent leur liberté à l'amnistie de 1837, et furent employés dans la maison Laffitte, *Deganne* en qualité de concierge, *Considère* comme garçon de caisse; il tient, en outre, par lui ou par sa femme, un cabaret à Montmartre, habituellement fréquenté par *Darmès*, *Duclos*, *Borel* et autres communistes. *Considère* semble appartenir lui-même à cette association: en effet, son nom se trouve, sous le n° 394, sur des listes saisies chez *Lambrun*, et que celui-ci a déclaré contenir les noms des individus qui ont assisté au banquet communiste de Belleville. *Considère* était surtout lié avec *Duclos* à qui, en sortant de prison, il avait été adressé pour en recevoir des secours d'argent; *Duclos* a dit qu'il le voyait presque tous les jours dans la maison Laffitte, et

Considère (Claude-François-Xavier), âgé de 33 ans, employé comme garçon de caisse chez MM. Laffitte et compagnie, né à Montbazon (Haute-Saône), demeurant à Montmartre, rue du Vieux-Chemin, n° 8.

6.

Considère en convient. Après avoir nié qu'il connût *Darmès*, *Considère* a dit qu'il ne l'avait vu qu'une ou deux fois, qu'il ne savait même pas son nom. *Darmès* avait aussi, d'abord, soutenu qu'il ne connaissait pas *Considère*, qu'il n'avait entendu parler de lui qu'à raison du procès où il avait été condamné; qu'il n'avait jamais été dans un cabaret à Montmartre : convaincu bientôt de mensonge, *Darmès* dit alors qu'il n'était allé que rarement et depuis trois mois seulement chez *Considère*. L'instruction indiquerait que les relations entre ces deux individus, relations qu'ils ont mis beaucoup de soin à dissimuler, étaient plus étroites qu'ils ne veulent l'avouer. Le cabaret de *Considère* était un lieu de réunion pour *Darmès* et ses amis communistes; *Darmès* connaissait bien *Considère* et sa femme, qu'il appelait *citoyenne;* celle-ci était elle-même au courant des affaires de *Darmès*, elle savait même l'apprentissage qu'il avait essayé chez le savetier *Fassola*. Dans les divers interrogatoires subis par les deux époux, on remarque des contradictions propres à faire suspecter leur véracité. A en croire le mari, *Darmès* ne serait venu qu'une ou deux fois dans son cabaret et toujours seul; suivant la femme, *Darmès* est venu plus souvent et toujours accompagné de deux, trois et même quatre personnes; dans les derniers temps, surtout, il venait plus souvent avec *Duclos* qu'avec d'autres; la fille *Poutrelle*, concubine de *Duclos*, est également venue avec eux. *Considère* prétend qu'il n'a su le crime de *Darmès* qu'au moment de sa propre arrestation, et il résulte des réponses de la femme de *Considère* que, longtemps auparavant, elle lui avait dit que *Darmès le Marseillais* était l'auteur de l'attentat; que « son mari ne s'oc- « cupait plus de ces affaires là » et qu'il avait exprimé sa désapprobation. Dans l'un de ses interrogatoires, *Considère* ayant dit que *Darmès* était un homme isolé, que personne ne le connaissait, qu'entendez-vous par per-

sonne ? lui demande-t-on; il répond : « Ce sont les indi-
« vidus dans les prisons ou ceux que je connais d'ailleurs, »
ce qui annoncerait qu'avant les poursuites dirigées contre
lui, *Considère* s'était informé des relations de *Darmès.*

Nous devons vous rappeler les faits qui semblent
rattacher *Considère* à *Darmès* pour l'exécution même de
l'attentat.

Le 15 octobre, après s'être assuré de l'arrivée du Roi
à Paris, dans la résolution arrêtée de l'assassiner, *Darmès*
revient chez lui; il en sort vers une heure pour n'y plus
rentrer; il n'était pas armé. Il doit aller prendre ses
armes: où va-t-il? Il va chercher *Considère* dans la
maison Laffitte; et pourquoi? Serait-ce pour lui payer la
moindre de ses dettes, 1 franc 25 centimes, que la femme
Considère a dit être le prix d'un repas fait peu de jours
auparavant avec *Duclos?* C'est ce dont s'occuperait *Darmès* dans un tel moment! N'ayant pas trouvé *Considère,*
il va le chercher à Montmartre; en s'y rendant, il est
rencontré, entre trois et quatre heures, par la dame *Marchand;* il n'avait point encore ses armes; la femme *Considère* déclare qu'il ne les avait point lorsqu'il est arrivé
à Montmartre. Il dîne là, et ce dîner est aussi resté enve-
loppé de mystère. *Darmès* a prétendu qu'il n'y avait personne alors dans le cabaret; la femme *Considère* dit, au
contraire, qu'il y avait un monsieur qu'elle ne connaît
pas et une dame *Chapelier,* son amie d'enfance: la dame
Chapelier déclare qu'elle est bien allée voir la femme
Considère au jour et à l'heure indiqués, mais elle n'a pas
vu *Darmès,* et elle est sûre qu'il n'y était pas. *Darmès*
n'a pu quitter Montmartre avant quatre heures; à cinq,
de son propre aveu, «il était à son poste,» en face du
pont de la Concorde; de cet intervalle entre quatre et
cinq heures, il faut déduire le temps nécessaire pour
aller de Montmartre à la place de la Concorde: dans le
peu d'instants qui resterait, où et comment *Darmès* se

serait-il armé? Ne serait-ce pas *Considère*, dont vous connaissez les dispositions et les rapports avec *Darmès*, *Duclos* et les principaux communistes, *Considère* que *Darmès* s'est empressé de chercher dans ce moment fatal, ne serait-ce pas *Considère* qui lui aurait procuré ses armes?

Darmès, dans ses premiers interrogatoires, n'avait pas dit un mot de ses visites à *Considère*; il avait même soutenu ne pas le connaître; il avait eu soin de prévenir les questions qui pourraient lui être adressées sur le lieu où il avait dîné le 15 octobre, en disant de lui-même qu'il avait acheté deux harengs à une marchande ambulante et les avait mangés dans sa chambre. Forcé de s'expliquer sur la déposition de la dame *Marchand*, il avoua enfin qu'il avait dîné à Montmartre; mais il prétendit qu'il en était parti au plus tard à trois heures; qu'il était rentré chez lui, s'était armé; que, dans le trajet pour se rendre à la place de la Concorde, il avait rencontré, rue Bleue, un cocher qui l'avait salué : or l'instruction l'a démenti sur tous ces points. Il faut aussi noter la contradiction qui existe entre *Darmès* et *Considère* sur un fait important : *Darmès* déclare être allé, entre une et deux heures, chercher *Considère* dans les bureaux de la maison Laffitte et ne l'y avoir pas trouvé, tandis que *Considère* affirme n'avoir pas quitté ces bureaux avant six heures. La déclaration de *Darmès* paraîtrait la plus vraisemblable, puisqu'il ne serait allé à Montmartre que parce qu'il n'avait pas trouvé *Considère*. Qu'a donc fait *Considère* pendant son absence des bureaux de la maison Laffitte?

Dans tous ses interrogatoires *Darmès* a soutenu qu'il était toujours allé seul chez *Considère*, et qu'il n'y avait jamais accompagné *Duclos* ni aucun autre.

Relativement à ces recherches de complicité, nous

devons encore vous rendre compte d'un incident survenu dans les derniers temps de l'instruction.

La veuve *Lenoir*, mère de *Darmès*, avait obtenu la permission de voir quelquefois son fils à la Conciergerie; les surveillants *Cazan* et *Saugé*, présents à la quatrième de ces entrevues, qui eut lieu le 20 mars 1841, déclarèrent, devant le juge d'instruction délégué, que la veuve *Lenoir*, «prenant un ton décidé qu'ils ne lui avaient pas «encore vu, avait dit à son fils: *Il ne faut plus rien dire,* «*car j'ai vu quelqu'un qui m'a dit que, si tu disais quelque* «*chose, tu serais un J...f.....,* *que si, au contraire, tu* «*savais te taire, ton nom serait gravé dans l'histoire.* »

Interrogée sur ces propos et pressée de dire quelle était la personne qui l'avait engagée à parler ainsi à *Darmès,* la veuve *Lenoir* a répondu qu'elle avait bien vu un monsieur décoré qui l'avait entretenue d'un avocat pour son fils, mais qu'il ne lui avait pas tenu et qu'elle n'avait pas rapporté à son fils les propos qu'on lui attribuait; qu'elle avait bien pu dire à ce dernier: «Puisque tu ne veux rien «dire ton nom sera donc dans l'histoire.» Confrontée avec *Cazan* et *Saugé,* la veuve *Lenoir* a persisté dans ses réponses, et ceux-ci ont soutenu la vérité de leur déclaration.

Dans cette conversation de la veuve *Lenoir* avec son fils il avait été question d'un nommé *Jules,* ami de *Darmès;* ce *Jules* est le sieur *Jules Biguet,* domestique, sur lequel on n'a recueilli que des renseignements très-favorables, et qui, depuis plusieurs années, n'avait eu aucune relation avec *Darmès.*

La veuve *Lenoir,* arrêtée, a été bientôt remise en liberté.

L'affiliation de *Darmès,* de *Duclos,* de plusieurs autres

inculpés aux sociétés secrètes, les révélations de *Borel*, nous ont imposé le devoir de vous signaler ces réunions ténébreuses, où s'élaborent les doctrines subversives, où se fabriquent les publications incendiaires qui, pervertissant les masses ignorantes et passionnées, et les trompant sur leurs droits et leurs intérêts, les provoquent au renversement des bases même de l'ordre social; qui, déversant chaque jour la calomnie et l'insulte sur une tête sacrée, la dévouent au poignard de fanatiques sectaires. Pour garantir le pays des dangers qui le menacent, il faut les dévoiler à ses yeux, et nous le ferons sans réserve. Nous ne vous dirons rien qui n'ait été constaté par des informations judiciaires, et toutes les pièces dont nous ferons usage ont été régulièrement saisies, à l'exception d'une seule, à nous transmise par l'autorité administrative.

Toutes les fois que la justice est parvenue à porter la lumière au sein des sociétés secrètes, elles ont été, par le fait seul de la publicité, condamnées à disparaître, au moins pour quelque temps, et à chercher de nouvelles formes d'existence. C'est ainsi qu'elles ont agi après les journées de mai 1839, comme après celles d'avril 1834; mais, dans leurs transformations successives, leur but a toujours été le même, et tous les moyens de l'atteindre ont été employés par elles.

L'indication de certaines modifications de notre système électoral est bientôt devenue pour les factions anarchistes un prétexte et un instrument de révolution politique et sociale. C'est ce qu'elles n'ont pas dissimulé dans l'intimité de leurs communications; c'est ce qu'elles ont osé avouer dans des pétitions, et surtout dans les banquets imaginés pour seconder leur propagande.

Pièce saisie suivant procès-verbal de Yver, commissaire de police, en date du 4 septembre 1840. Dans une pièce sans signature, saisie au domicile d'un sieur *Audry*, paraissant être un brouillon de lettre écrit de sa main, et contenant des avis sur la formule de rédaction des pétitions pour la réforme électorale, on lit les passages suivants : « ...... Ne perdons pas de vue que «ce n'est là qu'un moyen de remuer le pays, de fortifier «l'opposition en attirant les regards des citoyens sur les «affaires d'un gouvernement établi sur des institutions «évidemment vicieuses. N'oublions pas que ceux qui ont «jeté le gant à la monarchie savent très-bien que la vic-«toire ne sera pas emportée demain. Ce sont luttes qui «sont à peine commencées et se continueront........ «Mais en voilà assez, je crois, pour te mettre au courant «et pour t'expliquer l'esprit de la pétition, l'intention de «ceux qui ont lancé la formule et fait un appel au pays. «Il faut s'attendre maintenant à tout et s'organiser en vue «d'événements qui peuvent être prochains, de même qu'ils «peuvent se faire attendre. Si le pouvoir sévit, il y aura «de nouvelles protestations, de nouvelles manifestations; «elles seront faites en restant dans la loi autant que pos-«sible, parce qu'il faut amener le pouvoir à violer la loi «pour se défendre; son affaire sera faite alors. Le gant «est jeté par les Républicains...... »

Dans la *Pétition Lyonnaise* pour la *réforme électo-rale,* publiée par le *Censeur de Lyon,* le 23 août 1840, on lit : « A nos yeux, la réforme électorale est le mode «par lequel la souveraineté du peuple doit se produire. «*Réforme radicale* et *souveraineté populaire* sont iden-«tiques..... Accepter sans réserve la réforme politique, «qui peut seule amener comme conséquence prochaine «la *réforme sociale.......* ne pas adhérer serait se sé-«parer de la démocratie; ne pas adhérer serait évidem-«ment donner appui aux défenseurs du monopole, et «*étayer l'ordre de choses actuel.* »

Lors du banquet réformiste donné à Châtillon, le sieur *Lesseré,* président provisoire, parlait ainsi aux convives dans le discours qu'il leur adressa : «Citoyens,

Compte rendu publié dans le Journal du Peuple du 6 septembre 1840, 1re colonne de la 1re page.

« comme nos pères, nous saurons vaincre toutes les résis-
« tances intérieures...... Le peuple surveille les mauvais
« desseins, et ferait promptement justice de la trahison,
« si elle apparaissait, quelque haut qu'elle fût placée.
« (Très-bien ! très-bien !) .... Bientôt, d'un bout de la
« France à l'autre..... le cri de réforme sera dans toutes
« les bouches; et, alors, malheur aux pouvoirs de l'État,
« si, oublieux du passé, ils méprisaient et repoussaient
« encore les justes réclamations des citoyens ! (Tonnerre
« d'applaudissements.) » *Darmès* a déclaré qu'il avait assisté
à ce banquet.

Le *Journal du Peuple* a publié un discours plus expli-
cite prononcé par son rédacteur en chef, le sieur *Dupoty,*
présidant le banquet *démocratique* aux *Vendanges de*

Page 3 du compte rendu extrait du Journal du Peuple du 5 juillet 1840.

Bourgogne. « Défions - nous tous de nous-mêmes, dit
« l'orateur; maîtrisons cette tendance à théoriser exclu-
« sivement dans l'avenir, cette tendance qui nous isolerait,
« si nous nous y livrions, en supposant assis le triomphe
« de la souveraineté du peuple, au lieu de nous rallier
« par tous les moyens dans le présent pour l'obtenir...

« Un de ces moyens, c'est la réforme. Si le mot est
« dans toutes les bouches, c'est que le besoin de la chose
« est dans toutes les têtes; c'est que le désir est dans tous
« les cœurs : chacun la veut, soit qu'il la regarde comme
« un but, soit qu'il ne voie en elle qu'un premier pas.
« Quant à nous : réforme politique donnant l'essor à une
« seconde réforme, la réforme sociale, sans laquelle la
« première, nécessaire comme transition, serait insuffisante
« comme résultat final : voilà où tendent tous nos vœux et
« tous nos efforts. (Approbation.) »

Page 4 du même compte rendu.

A ce banquet, le sieur *Delaunay,* homme de lettres,
porta le toast suivant : « *A la prudence, qui prépare le*
« *succès ! A l'audace, qui l'obtient !* » Il termine ainsi : « *A*
« *la prudence, donc !* en attendant l'heureux jour où nous
« pourrons dire : *Au courage !* (Applaudissements.) »

(51)

Au même banquet, le sieur *Basset*, étudiant, porta un toast conçu en ces termes : «*A l'union de tous les démo-*«*crates ! à l'abolition de tous les priviléges fondés sur la* «*naissance ou la fortune !* (Bravo ! nous comprenons.)»

Page 9 du même compte rendu.

Au sortir de ces banquets, et d'autres dont nous vous parlerons bientôt, les nombreux convives, échauffés par les appels irritants faits à leurs passions, livrés à l'ardente fermentation que produit toujours le contact de tels esprits, jetaient l'alarme dans les rues de Paris par leurs vociférations mêlées de cris séditieux, résistaient à la force publique chargée de les dissiper, blessaient grièvement un soldat; plus tard même, dans une scène qu'on pourrait sans trop de rigueur rattacher à cette origine, un brave sous-officier de la garde municipale était assassiné au moment où, désarmé, il essayait de faire entendre la voix de la raison à l'un de ces rassemblements tumultueux.

On reconnaît dès lors la vérité de cette déclaration de *Borel*, contenue dans son interrogatoire du 17 janvier 1841 : « Il y a aussi une autre société qui est groupée et «qui est bien capable aussi de travailler à faire des révo-«lutions, ce sont les Réformistes..... J'ai su cela parce «que j'ai vu la pétition que l'on faisait signer à tous ceux «qui voulaient la signer. Les Réformistes ont deux chefs «qui groupent: l'un c'est un nommé *David*, l'autre un «nommé *Dorgal*. D'après ce que j'ai entendu dire, ce sont «d'anciens démocrates, ou, pour mieux dire, des débris «des 12 et 13 mai.» La pétition pour la réforme qu'a vue *Borel* est probablement celle qui a été saisie au domicile de *Duclos*.

Voir cette pétition page 560 du volume de la procédure.
Il résulte d'un procès-verbal, en date du 5 décembre 1840, qu'on n'a trouvé aucun des signataires.

Nous devons aussi vous rappeler qu'une autre pétition pour la réforme a été saisie chez *Darmès*, et que chez *Guéret*, signalé par *Borel* comme occupant dans la société des Communistes le grade d'*agent révolutionnaire*, on a trouvé une liste de souscription pour les frais d'une pétition en faveur de la réforme.

C'était surtout aux ouvriers que les excitations étaient

7.

adressées; on s'efforçait de les entraîner à des démonstrations hostiles.

Les vicissitudes inséparables du développement illimité de l'industrie exposent les classes ouvrières à des souffrances momentanées, que les dispositions de l'autorité publique et les secours de la bienfaisance s'empressent de soulager, que des habitudes plus morales, la prévoyance, l'épargne pour les jours mauvais du gain obtenu dans les temps prospères, rendraient moins fréquentes et moins vives. Quelquefois aussi, et hors des époques de malaise, il s'élève entre les maîtres et les ouvriers, au sujet du salaire et de la durée du travail, des difficultés qui pourraient être aplanies par la bienveillance réciproque et la saine appréciation des intérêts mutuels, mais que des prétentions exagérées, des accusations injustes, des suggestions étrangères viennent trop souvent envenimer et résoudre en troubles sérieux. C'est dans toutes ces circonstances que les factions anarchistes ne manquent pas d'intervenir, et cette intervention se fit surtout remarquer dans les derniers mois de 1840.

On répandit avec profusion parmi les ouvriers des libelles où les maîtres étaient traités d'*exploiteurs* et d'*oisifs*, tandis que les ouvriers étaient seuls représentés comme *travailleurs*, dont les maîtres exploitaient sans pitié la misère, où l'on promettait un partage illusoire de travaux et de jouissances.

Ces doctrines décevantes n'agirent que trop sur les ouvriers, principalement sur ceux que leur turbulence, leur éloignement du travail, leurs habitudes de débauche disposaient plus à l'égarement. On les vit, lors même que le travail était abondant et les salaires élevés, quitter simultanément leurs ateliers comme par l'ordre d'une direction supérieure, et former d'immenses réunions, tantôt au sein de la Capitale, tantôt dans les communes voisines; puis, quand on crut le moment favorable, on chercha à les pousser à un soulèvement général; on les compromit par l'assassinat de malheureux sergents de ville; puis enfin, un commencement d'insurrection éclata le sept septembre dans le faubourg Saint-Antoine : des barricades y furent dressées; deux jours après on essaya l'enlèvement d'un poste, on attaqua isolément des agents de la force publique; mais partout la garde nationale et l'armée comprimèrent encore cette fois la révolte et assurèrent le maintien de l'ordre. Les ouvriers, qui n'avaient été qu'égarés, ne tardèrent pas à revenir au sentiment de leurs devoirs, de leurs véritables intérêts, et reprirent pour la plupart leurs travaux.

Vous n'avez pas oublié la présence de *Darmès* dans les rassemblements, et l'espèce de proclamation composée et adressée par lui aux soldats dans la plaine de Pantin.

Parmi les agitateurs poursuivis pour leur participation aux coalitions d'ouvriers, on remarque un sieur *Hubert*, médecin, chez qui fut saisi le manuscrit d'un discours dont nous croyons devoir reproduire ici quelques passages :

« ...Frères, les forts d'iniquité ont tenu conseil et ont «dit : Divisons pour régner, démoralisons pour maintenir; «mais les hommes dévoués ont répondu : Unissons-nous «pour avancer, devenons meilleurs pour vaincre.... Et «vous, ouvriers, nos frères, pauvres déshérités, qui, «sous le poids du jour et de la chaleur, arrachez des entrailles de la terre les matériaux destinés à orner les palais de vos maîtres, et vous qui, couverts de haillons, «fabriquez leurs tissus somptueux; ô vous tous! qui, pour «prix de travaux obstinés et de chaque jour, êtes admis à «ramasser les miettes de la table des oisifs, prêtez l'oreille «aux conseils de l'amitié! Vous êtes abreuvés d'amertume, votre cœur est aigri, et, en haine du mal qui vous «ronge, vous appelez une organisation nouvelle du travail; nous l'appelons aussi, nous l'espérons comme vous; «mais nous la voulons efficace, nous la voulons radicale....»

Pièce saisie, le 27 septembre 1840, suivant procès-verbal de Marut de l'Ombre, commissaire de police.

Saisie, suivant le même procès-verbal, du 21 septembre.

Au domicile d'*Hubert* fut aussi saisie une pièce de vers bien propre à faire connaître les sentiments et le but des agitateurs. Cette pièce, intitulée *Allocution d'Hubert*, est ainsi conçue :

« Amis, il est venu le jour de la vengeance :
« Le succès couronne nos vœux ;
« Nous allons délivrer le beau pays de France,
« Du joug humiliant de ses tyrans affreux.
« Voyez de nos faubourgs s'élancer les cohortes,
« Voyez briller le fer mortel,
« Le peuple campe au Carrousel.
« Palais d'un vil tyran, ouvre au peuple tes portes,
« Tombez sous nos poignards vengeurs,
« Lâches prétoriens, élégants satellites,
« Satrapes sans vigueur, qui veillez aux guérites
« Et protégez nos oppresseurs.
« Le tocsin vibre au loin, la torche funéraire
« Éclaire de ses feux le drame du trépas,
« Et la Seine en ses flots qui mugissent tout bas,
« Reflète une rougeâtre et sinistre lumière.
« Le sang coule, le peuple a frappé ses grands coups :
« Juge inflexible, il rend sa suprême justice.
« Soyez punis, tyrans ; que sonne enfin pour vous
« L'heure terrible du supplice.
« Peuple, retire-toi ; laisse-là les débris
« De ces salons dorés, de ces brillants lambris,
« Dont tes bras forts ont fait des ruines fumantes ;
« Va, rentre sous le toit modeste où tes enfants
« Sucent avec le lait les leçons enivrantes
« Qui versent dans le sein la haine des tyrans. »

Hubert a prétendu que cette pièce, bien qu'elle portât son nom, n'était pas de lui et qu'il l'avait depuis plusieurs années ; mais il n'a point justifié ces assertions.

A la suite de l'insurrection de mai 1839, provoquée par la société *des Saisons*, cette société, qui avait succédé à celle *des Droits de l'homme*, se trouva désorganisée par la condamnation ou la fuite de ses principaux chefs ; mais les sectionnaires dispersés ne tardèrent pas à se rallier et à s'occuper de reconstituer une société nouvelle avec les débris de l'ancienne, sous le nom de société *Communautaire* ou *Communiste*. Cette forme fut choisie pour se rapprocher davantage de la classe ouvrière, et exercer sur elle une action plus énergique en la séduisant par l'appât d'un partage égal et immédiat des biens et de toutes les jouissances sociales : c'était là cette réforme que la réforme politique était, ainsi que vous l'avez vu, destinée seulement à préparer.

L'idée de ce plan semble remonter à une époque antérieure. Déjà en 1835, des écrits *communistes* avaient été saisis par suite d'informations judiciaires, et, dans le quatrième numéro de *l'Homme libre* faisant suite au *Moniteur républicain,* et saisi le 29 septembre 1838, on lisait : «Nous demandons enfin la communauté telle ou à «peu près telle que l'a comprise Babeuf... Nous remplirons «un devoir en détruisant de fond en comble l'édifice so-«cial pour l'élever ensuite sur de nouvelles bases... Le «temps approche où le peuple exigera, les armes à la «main, que ses biens lui soient restitués, car la plus grande «partie de ce que le riche possède n'est que le fruit de la «rapine... La terre doit appartenir à tout le monde... «ceux qui ne possèdent rien ont été volés par ceux qui «possèdent...... »

Pièce saisie au domicile du nommé Fombertaux.

Ces doctrines étaient enseignées dans une multitude d'écrits répandus avec profusion, tels que ceux intitulés : *Ni Châteaux ni Chaumières ; l'Histoire des égaux* et la *Tribune du Peuple,* tous trois de l'abbé *Pillot,* ancien prêtre d'une prétendue *Église française; la Revue démocratique, la Vérité sur le parti démocratique, Jacques Bonhomme, l'Egalitaire, l'Histoire de la conspiration du général Mallet, l'Atelier, Devoir des révolutionnaires, l'Almanach démocratique, le Pays et le Gouvernement,* et bien d'autres. Quelques extraits de ces publications vous en signaleront l'esprit (1).

(1) *La Tribune du Peuple,* par J. J. Pillot, paraissant par semaine. Le 1er no a paru le 2 février 1839.
Revue démocratique, avec cette épigraphe : «Qu'est-ce que le Peuple? Rien. — Que doit-il «être? Tout.» Publiée de mois en mois, à 60 centimes le volume. Paris, rue des Grands-Augustins, no 22. Le 1er volume a paru en 1840.
La Vérité sur le parti démocratique ; par T. Thoré. Paris, chez tous les libraires, 1840.
Almanach démocratique pour 1841, Paris, chez Pagnerre.
Le Pays et le Gouvernement; par F. Lamennais. Paris, chez Pagnerre, 1840.
Devoir des Révolutionnaires; par Henri Celliez. Paris, 1840. Prix : 15 centimes.

Ni Châteaux, ni Chaumières, ou État social de l'avenir; brochure publiée le 13 mai 1840. Au bureau de la *Tribune du Peuple*, impasse du Paon, n° 7. (*Voir* pages 17 et 24 de l'exemplaire saisi au domicile de *Darmès*, le 24 octobre 1840, suivant procès-verbal de Masson, commissaire de police.)

Ni Châteaux ni Chaumières : «Les immortels génies «qui rêvèrent le bonheur du peuple, en 93, avaient bien «compris que leur rêve ne se réaliserait jamais, tant que «ces deux chancres impurs (les prêtres et les nobles) «qui le rongent ne seraient point entièrement anéantis; «mais ils oublièrent bientôt cette vérité, lorsqu'ils voulurent «instituer une religion nouvelle. Ils ne savaient donc pas «qu'une religion nouvelle, quelle qu'elle soit, est toujours «un bourbier infect d'où s'exhalent les miasmes pestiférés «qui portent la corruption et la mort au sein des peuples! «Ils ne savaient donc pas que toute religion enfante né-«cessairement des castes, et que les castes ne vivent que «du malheur des peuples....... Eh bien! nous, qui ne «sommes ni chrétiens, ni païens, ni toute autre chose de «ce genre; nous, qui ne voulons ni vivre des sueurs de *la* «*populace* ni lui faire l'aumône, ni la narguer, ni l'avilir; «nous lui dirons : La terre n'appartient à personne ; ses «fruits n'appartiennent qu'à ceux qui la fécondent. Que «si ces êtres souffreteux et tant méprisés jusqu'aujourd'hui «viennent à douter de leurs forces, nous ajouterons: L'es-«pèce parasite qui vous dévore est lâche et peu nom-«breuse; vous êtes plus de deux cents contre un!..... »

Histoire des égaux ou Moyens d'établir l'égalité absolue parmi les Hommes; par J. J. Pillot; publiée par numéros, au bureau de la *Tribune du Peuple.* (*Voir* la page 9 du n° 1, publié en août 1840, saisi au domicile de Martin (Albert), *suivant procès-verbal de* Yver, *commissaire de police, en date du 6 janvier 1841.*)

L'Histoire des égaux...... «Il faut le dire tout d'abord, «crainte de récrimination et pour éviter tout jeu de sur-«prise : il ne s'agit de rien moins que de changer totale-«ment la surface du globe; et ce qui paraît beaucoup «plus surprenant encore, de substituer instantanément «à la vie de ses habitants une vie toute nouvelle, et dont «ils ne peuvent retrouver aucun exemple dans le passé : «de les amener à oublier tout ce qui a été jusqu'à présent «l'objet des plus constants efforts de leur mémoire; à «mépriser ce qu'ils ont le plus estimé; à rougir des «usages dont ils ont été le plus orgueilleux; à traîner «dans la boue ce qu'ils ont adoré; en un mot, à ressentir «une aversion sans remède pour ce qu'ils ont recherché «avec le plus d'ardeur, et à rechercher irrésistiblement «qu'ils ont jusqu'alors ou ignoré, ou dédaigné, ou dé-

« testé...... Communistes, à nous a été réservé l'accomplis-
« sement de cette œuvre immense!..... »

L'Égalitaire...... « Ce n'est point par de ridicules la-
« mentations, par de stupides soumissions, que le malheu-
« reux adoucit son sort, qu'il brise ses fers! Non, non!
« les oppresseurs ne cèdent pas à de vaines paroles. La
« liberté sourit à quiconque veut marcher hardiment à
« sa conquête; c'est un fort où l'on trouve toujours une
« brèche...... Au surplus, ne perdons pas de vue qu'il ne
« s'agit ici que d'une transition révolutionnaire, et que,
« dans les époques *critiques*, c'est non-seulement de *l'hy-*
« giène, mais encore de la *chirurgie* qu'il s'agit de faire. »

L'Égalitaire, jour-
nal de l'organisation
sociale, paraissait
tous les mois; le n° 1
a paru en juin 1840,
avec la signature de
T. Dezamy, rédac-
teur en chef gérant.
(V. page 54 du n° 2
publié en juin 1840.)

Le Journal du Peuple, du 6 juillet 1840, disait : « Il
« n'y a réellement en France que deux partis : le parti
« des capitalistes et propriétaires, et le parti des travail-
« leurs; le parti des maîtres et le parti des ouvriers; le
« parti des privilégiés et le parti populaire; le parti aristo-
« cratique et le parti démocratique. »

Journal du peuple,
feuille des dimanches
sous la direction de
M. Auguste Dupo-
ty, ancien rédacteur
du Réformateur. Prix
12 fr. par an. (7e an-
née 1840.)

Dans *l'histoire de la conspiration du général Mallet,*
que nous citons particulièrement, parce que *Darmès* en
était porteur au moment de son arrestation, on lit : «....
« Les sociétés secrètes sont la seule sauve-garde d'un pays
« livré au despotisme, elles le minent continuellement, ral-
« lient les hommes de cœur et sont un effroi perpétuel pour
« le tyran...... En conspiration, celui qui ne fusille pas
« l'autre dans les vingt-quatre heures est un homme perdu. »

Histoire de la cons-
piration du général
Mallet, par H. Dou-
rille, publiée en juil-
let 1840, au bureau
du Journal du peu-
ple, rue du Croissant,
n° 10, et chez Roua-
net, libraire, rue
Verdelet. V. p. 19 et
50. Cette brochure
a été saisie au domi-
cile de Guéret dit le
Grand-Louis, sui-
vant procès-verbal
de Gronfier, com-
missaire de police,
en date du 18 janvier
1841.

Les communistes avaient aussi leurs banquets; l'un des
plus remarquables fut celui qui eut lieu à Belleville, le
1er juillet 1840, sous la présidence de *Pillot*, et dont le
récit imprimé fut répandu à un grand nombre d'exemplaires. Ce banquet avait été annoncé hautement comme
réunion de communistes; on y porta des toasts à la *réforme sociale*, à la *communauté des travailleurs et des
jouissants*, aux *prolétaires victimes des exploiteurs*, aux

montagnards purs. Voici celui porté à la communauté égalitaire par *Simard*, ami de *Darmès*, qui lui-même était à ce banquet.

« CITOYENS,

Page 10 du compte rendu saisi au domicile de Cousin, suivant procès-verbal de Yver, commissaire de police, en date du 31 octobre 1840.

« En 89, l'indignation populaire renversa sous les ruines
« de la Bastille quatorze siècles de monarchie et de privi-
« léges. Mais, hélas! seuls en évidence, ce furent les bour-
« geois égoïstes qui prirent en main le char de l'État; et,
« au lieu de réaliser l'égalité réelle, s'emparèrent des aris-
« tocrates vaincus. En vain 93 et le sublime comité de
« salut public parvinrent à déjouer les infâmes projets de
« toutes les factions ennemies du peuple, et surtout les ma-
« chinations perfides des lâches Girondins, la constitution
« de l'an II avait laissé dans l'État une lèpre dévorante : LA
« PROPRIÉTÉ INDIVIDUELLE. De là naquirent toutes les mau-
« vaises passions qui causèrent notre ruine; et les ennemis
« du bien public, qui fussent devenus impuissants et *ci-*
« *toyens, peut-être,* sous le régime d'une communauté
« parfaite, se liguèrent ensemble pour conjurer la ruine
« de l'État. Thermidor plongea dans le deuil tous les
« cœurs vraiment français; prairial et vendémiaire con-
« sommèrent nos malheurs; et, succombant enfin sous les
« calomnies du parti vainqueur, la régénération sociale
« fut ajournée pour cinquante ans.
« Citoyens, n'ayons donc désormais qu'une seule et
« même devise :
« *A la communauté égalitaire !* »

Des relations de propagande communiste avaient été
établies dans plusieurs villes, notamment à Lyon et à
Rouen. A l'égard de Lyon, on trouve des renseignements
instructifs dans une lettre saisie chez un sieur *Ott*, auteur d'écrits où les idées des *Saint-Simoniens*, des *Fou-
riéristes*, sont combinées avec celles de l'auteur et alliées

à une sorte de mysticisme religieux; cette lettre, signée *Nermon*, est écrite de Montbrison, le 1er septembre 1840, et adressée à *Ott*; en voici quelques passages :

« Il y a six ou sept semaines, une réunion de patriotes « avait été fixée à Lyon; je m'y rendis avec *Duché* et quel- « ques autres patriotes de Saint-Étienne. Le rendez-vous « avait été accompagné de mystère. Aussi pensions-nous « nous y trouver en grand nombre, ce qui manqua tout « à fait. Tout cela avait été organisé par des communistes « de Lyon. Nous en fûmes irrités *Duché* et moi. Cepen- « dant nous voulûmes bien discuter. Le croiriez-vous? « Nos communistes, qui avaient cru ne voir que des « amis, trouvèrent des adversaires dans tout ce qui n'é- « tait pas eux. Malgré eux, ils furent obligés d'entendre « le développement des principes de la doctrine. Ils eus- « sent voulu en rire; mais ils ne tardèrent pas à s'aper- « cevoir qu'il n'y avait rien de risible que dans leur sys- « tème. Les citoyens de Marseille et de Montpellier « goûtèrent parfaitement nos principes, et furent iné- « branlables sur la nécessité de poser les principes reli- « gieux à la tête du principe républicain. Nos communistes « en vinrent à faire toutes sortes de concessions. On fut « d'avis de coopérer vivement à la réforme, de créer « partout des noyaux révolutionnaires. Une chose sur la- « quelle tout le monde fut d'accord, ce fut la nécessité « d'une révolution *quand même*. Beaucoup de villes du « midi, entre autres Carcassonne, se disent prêtes à mar- « cher, et n'attendent que le concours des autres villes. « Une chose remarquable, c'est que les patriotes du midi « semblent se dégoûter de suivre l'impulsion Parisienne; « ils proposent de faire corps avec Lyon, en s'isolant de « Paris : ce serait dangereux. Quoique les communistes « Lyonnais soient bien plus modérés que ceux de Paris, « ils me semblent cependant à craindre. Ils se sont orga- « nisés en bandes comme eux, et trouvent beaucoup « d'adhérents parmi les ouvriers. Leurs déclamations;

Pièce saisie au domicile de Ott, suivant procès-verbal de Foudras, commissaire de police, en date du 27 septembre 1840.

8.

« contre la propriété font beaucoup d'effet....; il est ur-
« gent que ces gens-là soient terrassés, ou plutôt ramenés
« à des idées plus saines....: ils sont tous, en général, sans
« logique. Il est fort à craindre qu'au premier moment ils
« nous fassent un *avril* ou un *mai*. Si Lyon s'insurge, il
« trouvera écho à Saint - Étienne, où s'est aussi orga-
« nisée, malgré tous nos efforts, une bande de commu-
« nistes; il trouvera écho dans le midi, qui attend avec
« impatience.

« A tout cela, je ne vois qu'un remède, c'est que les
« hommes probes et énergiques se fassent révolutionnaires
« et agitateurs. La révolution est imminente; on la veut
« à tout prix. Les hommes courageux et intelligents ne
« doivent pas s'isoler. Dès lors, il me semble nécessaire
« que nous ne restions pas en arrière..... Les communistes
« par système sont peu nombreux, les autres sont des
« machines révolutionnaires, et voilà tout. Ne pourrait-on
« pas se rallier les chefs et leur faire entrevoir les tristes
« résultats d'une révolution de brigandages? Je crois la
« chose possible. Pardonnez-moi si mon opinion n'est pas
« la vôtre, mais je vois la révolution tellement près de
« nous, que je pense qu'il est de notre devoir d'y coopérer
« par tous les moyens possibles..... »

On dut s'empresser de vérifier la situation indiquée
dans cette lettre, et, dès le 16 octobre, une commission
fut expédiée à Lyon à cet effet. On découvrit et saisit
dans cette ville tout le matériel d'une société secrète communiste, des poignards, une presse clandestine, des
marques destinées aux initiations, des listes d'initiés, et
enfin les règlements mêmes de la société.... On y lit comme
préambule :

AVANT-PROPOS.

Pièce saisie, le 29 août 1840, dans un grenier en démoli- « La société, telle qu'elle est organisée, n'offrant aucune
« garantie aux hommes du peuple, les a forcés à chercher

«la source du mal qui les dévore. Après avoir mûrement
«réfléchi, ils ont senti le besoin de secouer le joug qui
«pèse si lourdement sur eux, et qu'il fallait employer les
«moyens les plus prompts et les plus efficaces pour dé-
«truire à jamais la tyrannie qui nous écrase.

«L'association étant la route la plus sûre pour y par-
«venir, il est un devoir de la mettre en pratique.

«Ainsi les hommes qui se vouent à l'humanité, et qui
«veulent marcher dans les rangs de la démocratie, doivent
«avoir toutes les vertus qui font la force de ce grand prin-
«cipe et qui en établissent la souveraine justice.

«Ce principe étant le seul vrai et juste, nous devons
«donc y consacrer notre vie tout entière et obéir à tous
«les besoins que réclame l'humanité.

«O peuple! Quand te réveilleras-tu de ta léthargie?
«Quand entendras-tu les cris déchirants de l'humanité
«succombant sous le poids de ses souffrances?

«Quand arroseras-tu la terre du sang de tes oppres-
«seurs?

«Alors les mânes de 93 se réveilleront pour se désal-
«térer, et se croiront au banquet qu'ils avaient préparé!

«Nous vous jurons de continuer votre ouvrage et de
«donner au monde la liberté, l'égalité et la fraternité.»

Cette société, qui s'intitule: *Société de l'avenir*, est
subdivisée en fractions, dont les chefs sont nommés à la
pluralité des voix; on y prélève une contribution men-
suelle pour l'armement et les acquisitions de poudre.
Quant au but, il ressort clairement de cet article du règlement :

«La société a pour but de détruire tout gouvernement
«monarchique et de lui substituer la république, fondée
«sur le principe de la communauté nationale.»

Les découvertes faites à Lyon ont donné lieu à un
procès dont l'autorité judiciaire de cette ville a été saisie.

Une propagande communiste avait aussi été tentée à

tion, dépendant d'une maison sise à Lyon, quai de Retz, n° 43, appartenant à la d° Willermoz, suivant procès-verbal de Burdoz, commissaire de police.

Rouen ; les sectaires de cette ville étaient plus particulièrement en rapport avec *Pillot;* on a même trouvé chez
ce dernier une sorte d'adresse intitulée : « Les communistes de Rouen à leurs frères de Paris, » dans la-
« quelle les premiers engagent ceux-ci à persévérer dans
leurs doctrines, à combattre les priviléges et la propriété,
et les félicitent des manifestations auxquelles donnent
lieu les banquets. Cette pièce est signée d'un sieur *Beau-
four,* qui, pour sa participation à la fabrication des poudres rue de l'Oursine, en 1836, avait été condamné à
deux années d'emprisonnement. Il paraît cependant que
ces tentatives n'eurent que très-peu de succès à Rouen.

A Paris, il n'en avait pas été de même : une grande
association communiste s'était formée, et avait adopté,
sauf quelques changements de dénominations, l'organisation de la société *des Saisons* qu'elle remplaçait : ainsi
les divisions, qui s'appelaient précédemment *Semaines,
Mois, Printemps,* etc., avaient reçu les noms de *Métiers,
Ateliers, Fabriques,* etc. Cette association se partageait
en plusieurs fractions distinctes, qui toutes avaient le
même but, et ne différaient guère entre elles que par le
plus ou moins d'impatience d'arriver à ce but, le plus ou
moins de violence des moyens à employer pour l'atteindre.

*Pièce saisie le 15
octobre 1840, sui-
vant procès-verbal
de* Marut de l'Ombre,
*commissaire de po-
lice.*

Nous allons mettre sous vos yeux le règlement des
Travailleurs égalitaires, saisi au domicile de *Darmès,*
qui appartenait à cette fraction des communistes.
Nous devons ici faire observer qu'une copie de cette
pièce importante avait été précédemment transmise à la
justice par les soins de l'administration.

CITOYENS ,

Jusqu'ici la règle de nos devoirs n'avait pas été écrite à côté de la formule
de nos principes; notre organisation, reposant sur une tradition orale, était
sérieusement menacée dans sa durée et dans sa force : la rédaction d'un rè-

glement constitutif était une nécessité reconnue; le comité vient d'y pourvoir. Il n'a pas suffi, citoyens, de consigner par écrit, tel qu'il a existé jusqu'à ce jour, le mode des rapports établis entre tous les associés, depuis le simple travailleur jusqu'au membre du comité; il fallait entreprendre de réformer ce qu'il y avait de vicieux dans les rapports comme dans les habitudes de l'association : *le règlement nouveau interdit les réunions nombreuses, parce qu'elles mettent à découvert les agents confidents de la pensée directrice, dont le rôle doit rester inconnu ; parce qu'elles fournissent à des intrigants hypocrites les moyens de capter une confiance dangereuse, aux traîtres la certitude d'un salaire, une curée facile à la police.*

Vous avez vu, citoyens, quelques membres de l'association assumer sur leurs têtes presque tous les dangers, se charger du soin exclusif de propager les principes, et porter dans tous les groupes les instructions du comité; il fallait que dangers et fatigues fussent mieux partagés ; ainsi le prescrivent nos statuts. La discussion va être à jamais fermée sur le mérite de l'élection; appliquer aux fonctions de notre association secrète tous les citoyens affiliés sera maintenant une conséquence de notre organisation; les agents sont les mandataires du comité, et non les mandataires de ceux que le comité dirige. Serait-il nécessaire de faire connaître l'esprit d'une semblable disposition? le sens commun répond que non ; mais le comité rappellera aux dissidents, s'il y en a, qu'ils sont en droit de se retirer, en refusant le serment au règlement dont lecture va suivre.

RÈGLEMENT

CONSTITUTIF ET DISCIPLINAIRE DE L'ASSOCIATION DES TRAVAILLEURS ÉGALITAIRES.

Plan général de l'organisation.

ARTICLE 1er.

L'association des travailleurs égalitaires est divisée en métiers composés chacun de sept citoyens; le chef du métier est appelé *ouvrier.*

ART. 2.

Les métiers sont classés par atelier, les ateliers par fabrique, les fabriques par division.

Art. 3.

Chaque division porte un nom particulier; on distingue par numéro d'ordre les fabriques d'une même division, les ateliers d'une même fabrique, les métiers d'un même atelier et les citoyens d'un même métier.

Art. 4.

Un atelier est formé de quatre métiers au plus. Le chef d'un atelier est appelé *contre-maître ;* une fabrique est formée de deux ateliers au plus. Le chef d'une fabrique est appelé *commis ;* une division est formée de quatre fabriques au plus. Le chef d'une division est appelé *directeur divisionnaire.*

Du comité.

Art. 5.

Le comité a la direction souveraine de l'association; c'est de lui seul qu'émanent tous les ordres et toutes les instructions générales : il exerce son autorité par le ministère de ses agents.

Art. 6.

La composition du comité est inconnue de tous les travailleurs égalitaires, autres que ses directeurs divisionnaires; le moment de l'attaque venu, et seulement alors, le comité se révélera à toute l'association, et marchera à la tête des citoyens convoqués pour combattre.

Art. 7.

Le droit d'augmenter ou de réduire le nombre des citoyeus composant le comité appartient exclusivement au comité.

Art. 8.

La responsabilité du comité est indivisible; un membre du comité ne peut agir en son nom personnel pour le compte de l'association.

Art. 9.

Toute mesure adoptée par la majorité du comité est exécutée au nom du comité tout entier.

Des Agents du comité.

ART. 10.

Tout fonctionnaire de l'association est le mandataire ou l'agent du comité ; la mission d'un agent du comité est de représenter dans un groupe le pouvoir central.

ART. 11.

Le comité nomme directement ou sur présentation les directeurs divisionnaires, les commis et les censeurs en chef ; il confirme ou il annule les nominations provisoires faites par le directeur divisionnaire ou les commis ; il peut déplacer ou révoquer tous les agents de l'association.

ART. 12.

Le directeur divisionnaire peut déplacer ou révoquer tous les fonctionnaires de sa division, à l'exception du censeur en chef, et sauf la ratification du comité.

ART. 13.

A l'exception des censeurs adjoints, et sauf la ratification du comité, le commis institue des places et révoque tous les fonctionnaires de sa fabrique ; cependant l'élection d'un contre-maître n'est point valide sans l'approbation de la majorité des ouvriers de l'atelier, non plus que celle d'un ouvrier sans l'approbation de la majorité des travailleurs du métier.

ART. 14.

Le directeur divisionnaire communique directement avec le comité, dont il reçoit les ordres et instructions pour les transmettre aux commis de sa division ; il ne doit être connu que du comité, des censeurs en chef et des commis ; les commis, par l'intermédiaire des contre-maîtres et des ouvriers, transmettent aux métiers de leur fabrique les mêmes ordres et instructions que leur chef immédiat tient du comité.

ART. 15.

Tout agent doit s'adjoindre un second pour être assisté et, au besoin, suppléé par lui dans l'accomplissement de ses devoirs.

Art. 16.

Tout travailleur égalitaire n'est connu dans l'association que des citoyens avec lesquels, aux termes du règlement, il doit communiquer et de ceux dont il reconnaît l'autorité.

Art. 17.

Chaque atelier a un censeur adjoint dont les fonctions consistent à parcourir les métiers pour vérifier l'exactitude des citoyens, écouter les accusations et les plaintes concernant les membres de l'association; le censeur adjoint est nommé par le directeur divisionnaire, sur la présentation des commis : celui-ci ne peut le révoquer.

Art. 18.

Un censeur en chef est attaché à chaque division, il reçoit les rapports des censeurs adjoints et en fait le résumé au directeur divisionnaire; le censeur en chef ne peut être révoqué que par le comité.

Art. 19.

La convocation d'un seul métier, ou de plusieurs agents, ne peut avoir lieu sans ordre du comité.

Art. 20.

Sauf le cas *de manifestation publique ou d'attaque*, nulle réunion ne pourra avoir lieu que par métier séparé.

Art. 21.

Tous les métiers sont convoqués, en vertu d'un ordre du comité, au moins deux fois par mois. Les réunions ne se tiendront dans les maisons ouvertes au public qu'à défaut de tout autre lieu propice.

Art. 22.

Les manifestes et ordres du jour émanant du comité seront lus dans chaque métier par le contre-maître et le second du contre-maître; à défaut de l'un ou l'autre, par le censeur-adjoint, et, à défaut de celui-ci, par le chef du métier.

Art. 23.

Toute réunion générale des travailleurs, par métiers, ayant pour objet la lecture d'un ordre du jour sera précédée d'une réunion d'ouvriers par ateliers, sous la présidence du contre-maître; celle-ci, d'une autre réunion des contre-maîtres et censeurs adjoints par fabriques, sous la présidence du commis; celle-ci d'une autre réunion des commis et censeurs en chefs, par divisions, sous la présidence du directeur divisionnaire. Les directeurs divisionnaires auront été réunis les premiers par le comité.

Art. 24.

Toute réunion générale des métiers sera suivie des réunions des agents, dans la forme prescrite par l'article précédent; mais, commençant par les chefs de métiers, les réunions s'appelleront de retour.

Art. 25.

Dans les réunions de retour, les chefs d'atelier feront discuter tout ce qui est relatif à la convenance des affiliations, proposeront la formation de nouveaux ateliers et métiers; dans celles des commis, tout ce qui intéresse la division; dans celles des directeurs divisionnaires, tout ce qui intéresse l'association en général, et particulièrement le classement nouveau des citoyens dont le domicile est déplacé.

Art. 26.

Le comité, en prescrivant une convocation de métiers, fixera une limite de temps pour leurs réunions, ainsi que le jour des réunions de retour.

Affiliation.

Art. 27.

Un citoyen ne peut être affilié à l'association, s'il n'est présenté par un membre de l'association.

Art. 28.

Le sociétaire qui voudrait proposer l'association d'un citoyen devra en faire la demande un jour de réunion au contre-maître; celui-ci chargera deux travailleurs de prendre toutes les informations jugées utiles, et, à la réunion suivante, il fera connaître le rejet ou transmission de la demande, suivant le résultat des informations; et, suivant la décision du commis, en cas d'admission, il désignera le lieu, le jour et l'heure où le postulant devra subir les épreuves de la réception.

9.

Art. 29.

La réception sera faite par le commis, assisté d'un contre-maître. Le postulant, avant l'arrivée du commis et jusqu'à son départ, aura les yeux bandés; il lui sera interdit de rechercher par le ministère de qui il aura été affilié.

Droits et devoirs des membres de l'association.

Art. 30.

Tout citoyen a le droit d'adresser au comité, en suivant la voie hiérarchique, des avis et remontrances en vue de la cause commune.

Art. 31.

Nul ne peut être exclu de l'association sans jugement, si ce n'est pour cause d'absence. Cet article n'est point applicable aux membres du comité.

Art. 32.

Tout travailleur contribue aux charges de l'association selon son pouvoir ; le *minimum de chaque cotisation est fixé à dix francs* par quinzaine. L'emploi des fonds perçus appartient au comité.

Art. 33.

Celui qui sans motif légitime aura manqué à trois réunions consécutives sera considéré comme transfuge.

Art. 34.

Nul ne peut se retirer de l'association sans motiver sa retraite ; celui qui aurait manqué à cette formalité sera déclaré transfuge par l'ordre du jour.

Art. 35.

Quiconque sera conduit en des manœuvres tendantes à mettre la désunion entre les travailleurs sera déclaré infâme, et comme tel exclu de l'association et mis à l'ordre du jour.

Art. 36.

Celui qui aura une révélation à faire sur la conduite ou la moralité d'un citoyen, révélation qui impliquerait l'exclusion de ce citoyen ou sa révocation s'il était agent du comité, devra s'adresser au censeur adjoint, et garder le silence vis-à-vis de tout autre jusqu'au jugement qui interviendra.

Des Jugements.

ART. 37.

Tout citoyen accusé sera traduit devant une commission composée de trois membres, désignés par le sort, savoir : un commis, président, et deux travailleurs; le comité préside au tirage des citoyens qui doivent composer la commission.

ART. 38.

Le censeur adjoint assigne verbalement devant la commission les contremaîtres, les ouvriers et travailleurs. Le censeur en chef donne assignation aux commis et aux directeurs divisionnaires; toutes les assignations sont données par ordre du comité. Il sera délégué un citoyen pour soutenir les accusations dans l'intérêt de l'association.

ART. 39.

Après avoir entendu les explications de la cause, la commission se retirera pour délibérer, et prononcera son jugement en déclarant que l'accusé est ou n'est pas coupable des faits à lui imputés, et qu'il doit être exclu de la société ou continuer à en faire partie.

ART. 40.

Lorsqu'il s'agira de prononcer une exclusion pour cause d'absence, le censeur adjoint statuera dans la réunion dont faisait partie le citoyen mis en cause, mais en prenant l'avis des assistants.

De l'exécution du présent règlement.

ART. 41.

L'observation du présent règlement sera jurée par tous les citoyens composant aujourd'hui l'association, ainsi que par ceux qui, à l'avenir, seront affiliés.

La copie de ce règlement, commencée par *Darmès,*
est précédée d'une espèce de préambule ainsi conçu :

*Pièce également
saisie le 15 octobre
1840 suivant le même
procès-verbal.*

AU TRAVAILLEUR ÉGALITAIRE.

PROFESSION DE FOI

DE LA NOUVELLE DIRECTION.

« CITOYENS, le but vers lequel nous tendons est *l'égalité réelle, réalisée*
« *au moyen de la communauté des biens. Une dictature populaire* forte,
« dévouée, nous paraît indispensable pour façonner nos mœurs, détruire les
« obstacles, enfin aplanir les voies qui doivent nous conduire à l'application
« de ce principe. Les hommes que nous choisissons pour répandre avec pru-
« dence, mystère, sans ostentation et sans étalage d'amour-propre, *les doctrines*
« *de l'égalité, pour en réaliser l'application un jour donné,* par tous les
« moyens à la portée de la puissance humaine, sont des hommes moraux,
« discrets, courageux et dévoués à la cause populaire, qui à l'aide de ces vertus ont
« bientôt compris la sublimité et la vérité des principes qui doivent servir de
« base à la société future. Nous nous attachons aussi à leur faire reconnaître
« dans le passé, et surtout dans l'histoire de notre révolution, les événements
« favorables à la cause du peuple, à rendre hommage aux hommes vertueux,
« et à flétrir les misérables de cette époque. Quant au présent, nous leur inspi-
« rons la haine de tout ce qui existe ; nous leur disons de s'éloigner de ces
« prétendus démocrates qui, sans toucher au fond de la société, ne veulent
« qu'une réforme politique. En même temps, nous appelons toutes leurs mé-
« fiances sur ces aboyeurs de convertis d'hier, qui se servent des principes de
« communauté pour faire un piédestal à leur sot orgueil ou à leur ambition,
« sur les *Hébert* et les *Gobet* du jour, qui ne tendent à rien moins qu'à avilir
« et à dépopulariser la cause de l'égalité. Voilà qui nous sommes. Voilà la
« marche que nous avons suivie depuis longtemps. L'expérience est venue dé-
« montrer la sagesse de notre organisation. Au milieu de toutes les secousses,
« nou sommes restés fermes et inconnus. Le pouvoir ennemi ne nous a ja-
« mais atteints. Le succès a couronné notre constance, et les doctrines de la
« communauté, dont nous sommes les seuls et les premiers apôtres, ont aujour-
« d'hui envahi le monde.

« SALUT ET FRATERNITÉ. »

Nous joignons à cette pièce un formulaire de réception

de la même société, à nous transmis par l'autorité administrative, qui en était saisie avant la perquisition opérée
chez *Darmès.*

Avant d'aller plus loin, jure de ne rien révéler de ce qui va se passer ici ?

R. Je le jure.

Écoute avec confiance et sans crainte; tu es avec des Républicains communistes, et par conséquent tu commences à vivre sous l'ère de l'égalité. Ils
seront tes frères si tu es fidèle à ton serment, mais tu seras à jamais perdu si
tu le trahis. Ils l'ont tous juré comme tu viens de le jurer toi-même.

Écoute toujours avec la plus grande attention : La communauté, c'est la
véritable République : travail commun, éducation, propriété, jouissances
communes; c'est le soleil, symbole de l'égalité, c'est la foi nouvelle pour laquelle nous avons tous juré de mourir! Nous ne connaissons ni barrières, ni
frontières, ni patrie; tous les communistes sont nos frères, tous les aristocrates
nos ennemis!

Nous voulons une dictature, après la révolution, pour appliquer nos principes et briser toutes les aristocraties, et par conséquent renverser de fond en
comble tout ce qui existe d'impur. La communauté une fois établie, les fonctions et les intelligences étant différentes, tout reposera sur le sens universel
classé avec ordre. Tes frères et ton comité t'instruiront de tous les détails.
Maintenant, si tu crains les cachots, la torture, la mort, si tu sens ton courage
faillir, retire-toi; pour entrer dans nos rangs, il faut affronter tout cela : une
fois le serment prêté, ta vie nous appartient, tu es engagé sur ta tête et sur celle
de celui qui t'amène pour le reste de tes jours. Réfléchis et réponds.

D. Quel est le nom du citoyen qui t'amène parmi nous? (S'adressant au représentant) : Tu sais, citoyen, que tu réponds sur ta tête du citoyen que tu
amènes. (Au présenté) : et toi, tu en comprends la conséquence. Quel est
ton nom, ton âge, ta profession? où demeures-tu? N'as-tu jamais fait partie des
sociétés secrètes?

Lève-toi; tu vas prêter serment. Jure d'obéir aux lois de l'association; jure
de marcher au premier signal de tes chefs et de combattre avec eux jusqu'à la
mort!

Jure de vouer ta fortune et ta vie à l'établissement de la République, fondée
sur la communauté!

Si tu trahis, que ton sang retombe sur ta tête, et non sur ceux qui l'auront
versé!

Sois probe, juste et vertueux; c'est le devoir d'un républicain. Tu es membre de l'association des travailleurs égalitaires.

Dire ce qu'il faut qu'il fasse en cas d'arrestation; donner connaissance de l'organisation.

L'engager à faire des prosélytes dont il puisse répondre.

Fin.

FORMULE.

L'initiation ne doit se faire, à moins d'urgence, que le soir, hors des lieux publics et fréquentés, dans un local secret et isolé, à l'abri de toute indiscrétion.

Outre les deux fonctionnaires désignés par le règlement (le contre-maître et l'ouvrier), deux autres travailleurs au plus, faisant partie du groupe pour lequel elle se fait, pourront y assister, et encore faut-il, autant que possible, qu'ils ne soient pas connus du présenté, qui vient là amené par un seul, ses regards obstrués par un verre noirci, qu'il conservera durant le temps de la réception.

Tout a dû être préparé d'avance avec les plus minutieuses précautions et la plus stricte prudence.

QUESTION DOCTRINALE.	RÉPONSE DOCTRINALE.
1° Quel est le monstre qui ronge la société actuelle?	1° L'égoïsme.
2° Comment l'étouffer?	2° En inculquant à chacun l'esprit de justice et de devoir, et en y conformant soi-même toutes ses actions.
3° Ces deux mots : justice et devoir, que renferment-ils?	3° La vraie morale.
4° Quel est le premier devoir de tout homme?	4° D'aimer ses semblables et de leur être utile.
5° Quelle obligation découle de ce devoir?	5° Celle du travail et de la production.
6° Celui qui se soustrait à cette obligation, qu'est-il?	6° Un parasite, une branche morte de l'arbre social, une plante nuisible, vénéneuse, qui suce la sève des hommes; en un mot, un exploiteur.
7° Quel châtiment mérite-t-il?	7° S'il persistait dans ses vices, et s'opposait au bonheur commun, il faudrait que la société le repoussât de son sein.

8° Quelle est l'organisation sociale que tu désires voir succéder à l'ordre anarchique qui nous opprime ?

8° Celle où le vice social sera extirpé sans exception aucune, où, selon ses forces et ses aptitudes, chacun travaillera pour tous, et tous pour chacun; là seulement régnera l'égalité parfaite, où la plus égale répartition des charges et des bienfaits sociaux aura lieu, et où chacun, coopérant à l'œuvre et à la production commune, participera également à la satisfaction générale des besoins moraux, physiques et intellectuels.

9° Es-tu disposé à unir tes efforts aux nôtres, à affronter tous les périls d'une aussi dangereuse mission?

9° Oui, de grand cœur.

10° Nous t'acceptons, nous serons tous à toi, si tu ne dévies jamais; mais, si tu nous trompes, tu es perdu. Malgré cette certitude, veux-tu te livrer à nous pour jamais? réponds.

10° Oui.

11° Nous exigeons de toi la soumission la plus stricte, le secret le plus absolu : t'y soumets-tu?

11° Oui, sans réserve.

Lui faire faire sa profession de foi.

Dans la profession de foi vous avez pu remarquer ce passage : « Une dictature populaire, forte, dévouée, *nous paraît indispensable, etc.;* » et dans le formulaire, celui-ci : « Nous voulons une dictature après la révolution pour appliquer nos principes, etc. » Un document, que son étendue nous oblige à placer à la suite de ce rapport, et que nous recommandons à votre attention particulière, vous fera connaître ce que devait être cette dictature. Cette pièce est un rapport fait le 18 novembre 1839 *à la société démocratique française,* à Londres, société composée en grande partie d'individus condamnés ou impliqués dans les procès d'avril 1834 et mai 1839. Les conclusions en ont été adoptées dans la séance du 14 septembre 1840, un mois avant l'attentat du 15 octobre, et au moment où les coalitions d'ouvriers faisaient espérer aux factieux de puissants auxiliaires. On a publié ce rapport à Londres, afin de se mettre à l'abri du danger;

Pièce saisie au domicile de de la Hodde, et à celui du nommé Pernin, à Belleville, suivant procès-verbaux de Gille, commissaire de police, en date des 24 et 28 février 1841.
mais c'est pour la France qu'il était fait, et il a été distribué en France. Deux exemplaires en ont été saisis à Paris, l'un chez un sieur *de la Hodde,* se qualifiant homme de lettres, l'autre chez un sieur *Pernin,* peintre en bâtiment, qui ont refusé de dire de qui ils les tenaient. Dans ces domiciles ont aussi été trouvés plusieurs écrits communistes.

Vous le verrez, Messieurs, ces hommes qui osent prendre pour symbole et pour drapeau ces mots : « Egalité, «fraternité, liberté, » veulent constituer le pouvoir le plus absolu, le plus tyrannique et en même temps le plus irresponsable.

Ce pouvoir, ils préféreraient le donner à un seul homme, et c'est avec regret qu'ils se résignent à le confier à un *triumvirat.*

Pour la nomination des triumvirs, ils ne s'en rapporteront pas au choix du peuple, « dont la grande majorité «pourrait se tromper : ce sont les auteurs de l'insurrection «qui les proclameront immédiatement. »

Et les triumvirs nommeront seuls à tous les emplois.

Et ils devront gouverner *révolutionnairement,* c'est-à-dire substituer les actes d'une incessante violence à l'œuvre paisible et régulière de la sagesse et du temps.

Et aucune autorité ne pourra contrôler leurs actes, parce que « contrôler un pareil gouvernement, c'est arrê-«ter sa marche, c'est paralyser son action. »

Ce gouvernement est qualifié de provisoire; mais, loin d'en fixer le terme, on organise sa durée nécessaire.

La guerre déclarée à tous les rois;

L'administration par les clubs;

L'abolition de la liberté de la presse;

La désorganisation de l'armée;

L'établissement d'un papier-monnaie et d'un *maximum;*

Le monopole obligatoire d'une éducation athée, celui du commerce et de l'industrie, concentrés dans les mains du gouvernement;

La confiscation érigée en principe, et largement appliquée :

Telles seraient les mesures à prendre par les triumvirs. Et vous noterez ce passage : « Nous vous avertissons, ci-« toyens, que nos idées et nos opinions sur les choses dont « nous allons parler sont toutes marquées au coin du sys-« tème *communautaire;* que dans les moyens que nous vous « proposons comme devant être, selon nous, les meilleurs « moyens à employer le lendemain d'une insurrection, « nous n'avons vu qu'une manière d'arriver, plus tôt que « par telle autre, à l'établissement de la *communauté,* « but vers lequel nous tendons. »

En voilà trop, Messieurs, sur cette monstrueuse production; sa lecture suffira seule pour vous apprendre ce qu'est *le système communautaire;* par quels moyens on prétend l'établir, et quel serait le sort du malheureux peuple condamné à le subir.

Tel est, Messieurs, l'ensemble de cette vaste instruction.

Vous vous demanderez s'il n'est pas établi que l'attentat du 15 octobre ne peut être le crime d'un fanatique isolé, que *Darmès* a eu des complices, et que ces complices appartiennent comme lui à la société des Communistes. Vous apprécierez, relativement à chacun des individus sur lesquels vous aurez à statuer, les conséquences légales des charges qui les concernent. Pour nous conformer à vos précédents, nous devons nous abstenir de vous présenter à cet égard des conclusions positives.

Il nous resterait à nous expliquer sur votre compé-

10.

tence, mais n'est-elle pas démontrée ? L'article 28 de la
Charte constitutionnelle vous défère les attentats à la
sûreté de l'État ; l'attentat contre la vie ou la personne
du Roi est le plus grave de ces attentats. Dans quel temps
cette qualification fut-elle mieux justifiée ? Les épreuves
qu'a subies la France depuis dix ans n'ont-elles pas signalé
au monde la haute sagesse du Roi, son dévouement entier et fidèle au maintien de nos droits, à la protection
de tous nos intérêts, au progrès de notre prospérité ?

Notre mission est terminée, permettez-nous, Messieurs, une réflexion dernière.

De nombreux et sévères enseignements ont été donnés
à la France, qu'elle veuille enfin les comprendre ! On le
sait maintenant : dans l'intime pensée des factions anarchistes, il ne s'agit pas de diversités d'opinion sur le
système de conduite du gouvernement constitutionnel,
il ne s'agit plus même des formes de ce gouvernement.
La révolution politique n'est qu'un prétexte, c'est la révolution sociale, c'est la destruction de toutes les garanties sociales qui est le vrai but. Quand, en 1834,
l'association des Droits de l'homme intitulait une de ses
sections : «De l'abolition de la propriété,» elle prétendait
n'entendre abolir que la propriété *mal acquise ;* aujour-
d'hui, les Communistes disent, publient : « La propriété c'est
le vol. » C'est par les massacres qu'ils veulent arriver au
pillage ; c'est parce que le Roi est, suivant leur expression, « la clef de la voûte », qu'ils attentent à sa vie.
C'est donc aussi pour la défense de la société que tous les
bons citoyens doivent unir et employer énergiquement
toutes leurs forces ; c'est pour défendre la société qu'ils
doivent défendre les institutions qui la régissent et le Roi
qui la protège.

ANNEXE AU RAPPORT.

RAPPORT (1)

SUR LES MESURES À PRENDRE ET LES MOYENS À EMPLOYER POUR METTRE
LA FRANCE DANS UNE VOIE RÉVOLUTIONNAIRE, LE LENDEMAIN D'UNE
INSURRECTION VICTORIEUSE EFFECTUÉE DANS SON SEIN.

Lu à la société Démocratique française, à Londres, dans la séance du 18 novembre
1839.

Les diverses conclusions de ce rapport ont été adoptées après discussion par la
société Démocratique française, le 14 septembre 1840.

DE L'IMPRIMERIE DE THOMPSON, 64, HOLBORN.

RAPPORT, ETC.

CITOYENS,

Le 4 novembre dernier nous avons été nommés par vous, à l'effet
d'examiner la question suivante:

«Quelles seront les mesures les plus promptes à prendre et les
«moyens à employer pour mettre la France dans une voie révolu-
«tionnaire, le lendemain d'une insurrection victorieuse effectuée
«dans son sein?»

Vous avez désiré avoir de nous un travail préparatoire sur la ré-

_____

(1) Pièce saisie le 24 février 1841, au domicile de *de la Hodde*, et le 28 du même
mois à celui du nommé *Pernin*, à Belleville, suivant procès-verbaux dressés par *Gille*,
commissaire de police.

ponse à cette question, afin que la discussion au milieu de vous en
fût plus facile, et le résultat de celle-ci plus nettement exprimé.......
Ce travail, nous l'avons fait le mieux qu'il nous a été possible, et
nous venons aujourd'hui vous le présenter.

Nous avons pensé qu'il fallait, pour que notre travail fût fait avec
plus d'ordre et compris par vous avec plus de facilité, diviser la question mère, celle sur laquelle roule tout ce que nous dirons dans ce
rapport, en une série d'autres questions qui toutes auront leur solution respective.

Nous avons cru aussi qu'il serait bon de vous donner tout d'abord
la série pure et simple de ces questions, c'est-à-dire dégagées de tout
développement, afin que, par elles, vous puissiez embrasser d'un
coup d'œil les rapports qu'elles peuvent avoir avec le sujet qui nous
occupe: celui-ci touche à tout, il a donc une foule de ramifications
qui seraient pour nous un labyrinthe inextricable, si la méthode ne
venait à notre secours en étant pour nous le fil d'Ariane.

Voici ces questions que, comme nous venons de vous le dire,
nous allons d'abord formuler en masse, mais sur chacune desquelles
nous reviendrons pour les développer et en tirer une solution :

1. Devra-t-on créer un gouvernement provisoire?

2. Si on l'établit, de combien de membres devra-t-il être composé?

3. A quels hommes devrons-nous confier le maniement des affaires?

4. Quel devra être le mode d'élection des membres du gouvernement provisoire?

5. Quelle devra être la nature de la direction gouvernementale?

6. Quelle devra être la durée du gouvernement provisoire?

7. Quels seront les meilleurs moyens à employer pour diriger
l'opinion publique?

8. Faudra-t-il avoir une armée dite : *Révolutionnaire?*

9. Les directeurs de la nation devront-ils nommer eux seuls aux
emplois publics?

10. Quels devront être les premiers actes du gouvernement?

11. Devra-t-on laisser au gouvernement la faculté d'agir comme il l'entendra pour la cause du salut public, ou devra-t-il avoir à côté de lui une autorité qui aura la mission de contrôler ses actes?

12. Que devra-t-on faire pour l'armée?

13. Quelle devra être l'attitude de la république devant les gouvernements étrangers?

14. Les récompenses à donner aux citoyens devront-elles être matérielles ou morales?

15. Quelle devrait être l'organisation du travail et des travailleurs en général?

16. Devra-t-on s'occuper immédiatement de l'application d'un nouveau système d'éducation publique? — Quel devrait être ce système?

17. Dans quelles limites devra-t-on comprendre la liberté de la presse?

18. Enfin quels seront les meilleurs moyens à employer pour se procurer l'argent nécessaire aux dépenses publiques?

Voilà, citoyens, ce dont on aura à s'occuper d'abord comme étant le plus important.

Dans ce que nous venons de dire vous avez dû remarquer, 1° que nous n'avons pas créé pour les *clubs* une question spéciale. La formation des clubs nous a paru tellement dans la nature des choses, que nous n'avons pas pu nous imaginer qu'elle ne pourrait pas s'effectuer. Nous avons pensé, d'ailleurs, que la discussion à ce sujet était du domaine de la question qui traite de *la direction de l'opinion publique,* dont nous devons parler;

2° Que, malgré le désir que vous en aviez manifesté dans la dernière séance, nous n'avons pas cru devoir mettre en première ligne de discussion la question de *l'organisation du travail,* et cela, parce que nous pensons qu'il faut suivre la marche naturelle des besoins qu'on aura à satisfaire, marche que nous croyons avoir indiquée par l'ordre de nos questions.

Arrivons maintenant au développement et à la solution des questions.

Nous vous avertissons, citoyens, que nos idées et nos opinions sur les choses dont nous allons parler sont toutes marquées au coin du système *communautaire;* que, dans les moyens que nous vous proposerons, comme devant être, selon nous, les meilleurs à employer le lendemain d'une insurrection, nous n'avons vu qu'une manière d'arriver, plus tôt que par telle autre, à l'établissement de la *communauté,* but vers lequel nous tendons, persuadés que nous sommes qu'il est, jusqu'à présent, le terme le plus avancé du progrès : nous y croyons donc fermement, jusqu'à connaissance et preuve d'un meilleur possible.

Nous profiterons de cette digression pour dire encore une fois que nous entendons par communauté : Participation de *tous* à *tout,* c'est-à-dire participation de tous les hommes

A l'éducation,

Au travail et aux fonctions,

Aux jouissances.

Partant de là, nous abordons la première question.

1° *Devra-t-on créer un gouvernement provisoire?*

Notre réponse à cette question est facile, et, nous en sommes persuadés, ne trouvera pas parmi vous d'opposition.

Oui, on devra créer un gouvernement provisoire. A ce moment, toute direction antérieure ayant été renversée, il faudra nécessairement en mettre sur-le-champ une autre à sa place. Elle sera provisoire, en ce que, ne pouvant avoir, de premier abord, une forme fixe, on sentira, au bout d'un temps, dont nous ne pouvons limiter la durée, le besoin de la remplacer elle-même par une direction plus régulière.

2° *De combien de membres devrait être composé ce gouvernement?*

Si la confiance pouvait s'inspirer par un seul homme, notre avis serait qu'on mît un seul homme à la direction, qui aurait par là la plus grande unité et, partant, la plus grande force; mais où trouver un homme assez connu des masses pour leur donner cette confiance? D'ailleurs, est-il un homme assez sûr de lui-même en forces physique, intellectuelle et morale, pour accepter l'exécution du travail énorme, et assumer sur lui la responsabilité de ses actes à cette époque de transition ?

D'un autre côté, partager le pouvoir en beaucoup de mains serait un fait qui pourrait avoir les plus dangereuses conséquences. Ainsi, dans une délibération du conseil directeur sur une mesure énergique et nécessaire à prendre pour le salut public, qui nous dira que les avis ne seront pas partagés, parce que, chez les uns, l'ignorance fera qu'ils ne comprendront pas la nécessité de l'application de cette mesure ; parce que chez les autres, celle-ci leur inspirera de l'effroi ou froissera leur intérêt particulier, etc.? Et puis, quelques-uns ne pourraient-ils pas se liguer, avoir leur coterie, leurs hommes, comme on dit, qui profiteraient d'une occasion favorable pour les mettre, eux seuls, à la tête du pouvoir? Voyez alors quelle confusion, quelle anarchie ferait naître ce conflit d'intérêts et d'opinions, et quel mauvais effet en serait ressenti par le peuple dont il faudrait prendre continuellement tant de soin de diriger les idées et les actions!

Il faut donc chercher un milieu, et, pour le trouver, résoudre le problème suivant :

« Créer un personnel gouvernemental tel qu'il soit, d'un côté, assez « nombreux pour inspirer la confiance ; assez probe et assez sûr de lui- « même pour faire le travail voulu et accepter la responsabilité de ses « actes; d'un autre côté, qu'il soit limité de telle sorte, qu'il puisse « toujours y avoir promptitude dans ses délibérations, unité dans ses « décisions et dans leur effet. »

Cela posé, nous pensons que le *triumvirat* (1) est ce qui serait le mieux dans les conditions dont nous venons de parler.

3° *A quels hommes devrons-nous confier le maniement des affaires?*

Notre réponse à cette question sera simple.

Nous devrons confier la direction à des hommes qui, par leur parole, par leurs actions jusqu'alors, nous auront prouvé qu'ils ont les meilleures intentions en vue du peuple, les idées sociales les plus avancées, avec la ferme volonté d'employer tous les moyens de les faire triompher à temps : en un mot, nous devons confier la direction à des hommes *révolutionnaires* ou de progrès.

(1) Ou gouvernement par trois hommes.

4° *Quel devra être le mode d'élection des membres du gouverne-*
ment provisoire?

Comme la grande majorité du peuple pourrait se tromper dans le
choix des hommes qu'elle croirait dignes d'être appelés au pouvoir,
et, par là, porter un grave préjudice à la révolution, les républicains, les auteurs de l'insurrection, devront prendre l'initiative à ce
sujet, en proclamant immédiatement comme directeurs de la nation
les hommes qu'ils sauront être les plus capables de la diriger dans le
sens de cette révolution.

Il est à supposer qu'on n'aurait rien à craindre des hommes mal-
intentionnés, parce que, avec les mesures actives qu'on aurait prises,
ils ne trouveraient pas l'occasion de présenter leurs candidats.

On devrait ensuite faire afficher dans toutes les communes de la
France la nomination au pouvoir des hommes qui auraient été appelés à diriger.

5° *Quelle devra être la nature de la direction gouvernementale?*

Nous répéterons qu'elle devra être essentiellement *révolutionnaire;*
et ici nous prendrons occasion de dire ce que nous croyons qu'il
faut entendre par les mots révolution et révolutionnaire.

Révolution, selon nous, est l'application successive d'idées nouvelles au *fait d'association* ou société, et *révolutionnaire* est ce qui
réalise par des actes les principes de révolution.

6° *Quelle devra être la durée du gouvernement provisoire?*

Vous concevez, citoyens, et nous l'avons déjà fait entendre, que
nous ne pouvons pas limiter la durée d'un gouvernement provisoire.
Nous dirons seulement qu'il faudrait qu'il durât le temps nécessaire à
préparer les masses à accepter nos idées et à recevoir une application
aussi étendue que le permettront les circonstances.

7° *Quels seront les meilleurs moyens à employer pour diriger*
l'opinion publique?

Nous placerons en première ligne les clubs, les journaux, les
théâtres et les fêtes.

Les clubs, dont nous n'avons pas mis en doute un seul instant la formation, et dans chacun desquels le gouvernement devra avoir soin de placer des hommes qui le comprennent et l'appuient, pour les diriger, seront pour le peuple un foyer énorme de républicanisme (1).

Les théâtres, dont il faudra changer entièrement la nature actuelle, pour la remplacer par une destination toute du moment, seront un des moyens les plus puissants pour lui faire embrasser avec ardeur la cause révolutionnaire, parce que, dans leur sein, il y a non-seulement la parole, mais encore l'action, qui agissent sur lui.

(1) *Clubs.*

Voici, quant aux *clubs,* comment il faudrait entendre leur formation, leur but et leur composition :

Formation. — 1. Dans chaque commune, un local sera désigné par les autorités pour être affecté à la réunion des citoyens en clubs.

2. Si, dans une commune, le nombre des citoyens était trop considérable pour qu'il fût possible de les réunir dans un même local, ils seraient divisés en sections, qui, alors, auraient chacune leur local de réunion.

But. — Les clubs seraient créés pour que dans leur sein les citoyens pussent :
Y exprimer leurs opinions ;
Y recevoir les communications d'intérêt général ;
Enfin y commencer ou y faire leur éducation politique, sociale, par la discussion des idées émises relativement à celle-ci.

Composition. — Chaque club devra être composé :
A. Des citoyens compris dans la section ou dans la commune, et munis d'une carte de civisme qui devra être délivrée par l'autorité municipale.
B. D'un agent social ;
C. D'un sténographe.

L'agent social près les citoyens représentera le gouvernement, qui lui-même représente la société ; il leur fera part des idées, des instructions de celui-ci. Il leur donnera, autant que le permettront les circonstances, l'explication des actes des directeurs.

Le sténographe prendra note de tous les discours qui seront prononcés pendant les séances des clubs.

Il sera fait deux copies de ces discours :
Ces copies devront, après avoir été reconnues exactes et signées par le président et le secrétaire du club, être déposées, l'une aux archives de celui-ci, l'autre entre les mains de l'agent social.

Observations — *A.* Les citoyens faisant partie d'un club ne pourront être admis dans un autre club que comme délégués.

Ils ne devront aussi y prendre la parole que conformément aux termes de leurs mandats.

B. Aucune association politique que les clubs ne pourra se former ni subsister qu'avec l'autorisation et sous la surveillance du gouvernement.

11.

Les journaux, rédigés convenablement pour cette époque et qu'il lira tous les jours, l'initieront à la connaissance des idées nouvelles. *Les fêtes publiques,* qu'il faudra toujours appliquer à la consécration d'un principe social, seront aussi un grand moyen d'action.

8° *Faudra-t-il avoir une armée dite révolutionnaire?*

Nous croyons l'existence d'une armée révolutionnaire dangereuse, impolitique.

1. *Dangereuse,* en ce que ce corps, par son titre et par sa position tendrait continuellement à se faire *corps délibérant,* et vous ne voudriez pas de sanction, ni d'initiative de la part d'une autorité qui ne serait qu'une partie de la nation, et pourrait se tromper dans la manière d'envisager l'application de telle mesure, ou l'emploi de tel moyen, et s'opposer à l'un et à l'autre quand ils seraient nécessaires.

Ce cas constituerait un *pouvoir dans le pouvoir,* et alors plus d'*unité.*

2. *Impolitique,* en ce que l'armée révolutionnaire exciterait sans doute des haines de la part de l'armée de ligne.

D'ailleurs nous croyons qu'on pourra armer le peuple et le former en garde nationale : le peuple armé et bien dirigé est, à notre avis, la véritable armée révolutionnaire.

9° *Les directeurs de la nation devront-ils nommer eux seuls aux emplois publics?*

Nous croyons fortement qu'ils le devront. On a déjà proposé de laisser à la nation le soin de nommer aux emplois, par le moyen d'élections opérées dans son sein. Mais d'abord, quel temps précieux ne perdrait-on pas à attendre d'elle qu'elle choisît, et qu'elle élût les hommes qu'elle voudrait placer aux emplois, quand, à cette époque, il faudrait tant d'accélération dans la marche des affaires. Quels dangers, ensuite, ne présenterait pas ce mode de nomination, une faible minorité possédant seule alors *l'intelligence* sociale (1)?

(1) Qu'on ne perde pas de vue que l'époque dont nous parlons sera toute de *transition,* ce qui comporte un ordre de choses tout à fait irrégulier. Dans cette question, nous ne voulons pas parler non plus des *représentants* ou *députés,* qui, plus tard, réunis en assemblée, devront, selon nous, gouverner la nation. Ces députés devront être nommés par le peuple, et leur élection préparée par les membres du gouvernement provisoire.

D'ailleurs, qui pourrait mieux juger de l'aptitude de tel ou tel homme à remplir une fonction, que les directeurs de la nation?

Certes, il y aurait certaines fonctions où tous les citoyens pourraient nommer, mais ce ne serait qu'à des fonctions tout à fait en dehors de l'action gouvernementale.

10° *Quels devront être les premiers actes du Gouvernement provisoire.*

Avant de répondre à cette question, tâchons de nous faire un tableau abrégé de la position dans laquelle se trouveront, à ce moment, les individus : notre réponse en sera plus facilement comprise.

Le lendemain de l'insurrection, le peuple sera sur la place publique sans travail et sans pain. Le commerce, ou ce qu'on appelle commerce, sera anéanti, ou au moins tout à fait arrêté, et une foule de positions qui tenaient par lui se trouveront dérangées. Beaucoup de riches, tous les nobles et les ex-gros fonctionnaires chercheront leur salut dans la fuite; les plus fanatiques, cependant resteront sans doute en France pour tâcher d'y opérer une contre-révolution; les intrigants ambitieux, et ceux-là sont le plus à craindre, parce qu'ils prennent tous les masques, essayeront d'arriver au pouvoir et d'escamoter à leur profit les premiers résultats de l'insurrection; les gouvernements étrangers se prépareront à nous faire la guerre, etc.

Nous pensons qu'un gouvernement composé d'hommes comme nous le voulons et investi des pouvoirs extraordinaires, devra :

1° Adresser au peuple une proclamation dans laquelle il lui fera comprendre que lui, nouveau gouvernement, né du fait de l'insurrection qui vient de triompher, prend pour symbole et pour drapeau ces mots : *égalité, fraternité, liberté,* qu'il s'engage à faire tous ses efforts pour le mettre, lui peuple, à même d'acquérir tout le bien-être que comporte l'application de ces principes; et, enfin, qu'il le conjure de l'aider de toutes ses forces dans l'exécution du travail qu'il va entreprendre pour arriver à cette application.

2° Décréter l'abolition de la monarchie et proclamer la république.

3° Décréter que tout homme *a droit à l'existence*, et prendre des mesures pour assurer celle-ci ; et, entre autres mesures, suspendre pour un temps, dont les circonstances limiteront la durée, l'exportation des grains. Créer dans chaque commune ou dans chaque canton de la France, et mettre sous la surveillance des agents de l'autorité, un magasin où les propriétaires de blé et autres céréales devront déposer ceux-ci ; lequel blé ne pourra être vendu et retiré de ces magasins que par une permission des agents dont nous avons parlé ; et, enfin, appliquer des peines sévères à tout individu qui en aurait ou accaparé, ou détruit, ou exporté.

4. Décréter l'abolition des impôts sur les denrées consommées par le peuple, et établir, en outre, un maximum sur ces mêmes denrées,

5. Décréter des peines aussi sévères que le permettront les circonstances contre les individus qui chercheraient à émigrer, ou qui, par quelque moyen que ce fût, essayeraient à rétablir l'ancien ordre des choses.

6. Nommer à la direction des ministères.

7. Changer ou rappeler les ambassadeurs près les puissances étrangères.

8. Déclarer, s'il y a lieu, que la *patrie est en danger ;* que tout homme en état de porter les armes doit être soldat pour la défendre; que la France va devenir un immense arsenal : en un mot, remettre en avant le décret de *Barrère.*

9. S'occuper de la défense des places frontières et de la place de Paris, s'il est jugé nécessaire de le faire ; s'occuper aussi d'une nouvelle organisation de l'armée. (Voir question 12.)

10. Décréter une nouvelle organisation de la garde nationale, ou si l'on veut *civique ,* dans laquelle devront être admis seulement :

1° Les citoyens qui auront fait preuve de civisme ;

2° Ceux qui, de tout temps, n'auront fait aucune opposition à la cause démocratique (1).

(1) Pour bien préparer aux élections des membres de la future Convention, pour s'assurer d'avance que la constitution que donnera cette assemblée sera vraiment l'expression des idées et des besoins de l'époque, avec les moyens d'appliquer les unes et de satisfaire les autres ; enfin, pour épargner un temps précieux, le gouvernement

11° *Devra-t-on laisser au Gouvernement la faculté d'agir comme il l'entendra pour la cause du salut public, ou devra-t-il avoir à côté de lui une autorité qui aurait mission de contrôler ses actes ?*

Comme le gouvernement dont nous parlons sera composé d'hommes fermes, dévoués et intelligents, et, comme nous l'avons dit, *hommes aux meilleures intentions,* nous ne voyons aucune nécessité, et nous voyons au contraire un danger de lui imposer une surveillance officielle qui pourrait ne pas le comprendre ; et puis nous croyons fermement que contrôler un pareil gouvernement c'est arrêter sa marche, c'est paralyser son action (1).

Mais comme aussi des hommes, si bien intentionnés qu'ils soient, peuvent devenir peccables, et que la nation sera en droit de demander à ses directeurs des garanties sur la moralité de leurs actes, il faudra qu'il soit bien entendu que ces directeurs devront, quand un gouvernement régulier aura remplacé leur gestion, et quelle qu'ait été la nature de leur conduite, comparaître devant l'assemblée des représentants, pour y subir un jugement de leurs actes. S'ils sont trouvés coupables ils devront être punis ; si, au contraire leur conduite a été bonne, ce jugement ne sera pour eux qu'une sanction honorable de tout ce qu'ils auront fait (2).

12° *Que devra-t-on faire pour l'armée ?*

Le fait de l'insurrection ayant renversé tout ce qui était tête,

_____

provisoire devrait faire aussi d'avance cette constitution ; la faire discuter et accepter dans les clubs, qui ne nommeraient alors pour représentants que les hommes qu'ils sauraient être partisans de cette constitution : celle-ci ne manquerait pas d'être sanctionnée immédiatement par la Convention qui viendrait après le gouvernement provisoire, puisque chacun de ses membres l'aurait acceptée peu de temps avant sa venue à ladite Convention.

(1) Au reste, le degré de confiance qu'on accordera au gouvernement, la somme d'appui qu'on lui prêtera, dépendront de l'efficacité des mesures qu'il prendra au premier abord ; et il est à supposer que l'à-propos, l'énergie et la conscience qu'il déploiera dans ses actes seront tels, que la confiance et la force lui viendront de toutes parts pour l'aider dans son œuvre, et qu'il sera alors inutile de créer un corps spécial pour le surveiller.

(2) Ce jugement fera naître aussi un rappel salutaire des principes révolutionnaires.

l'armée se trouvera, de premier abord, privée de commandants supérieurs et de second ordre, c'est-à-dire de maréchaux, de généraux et de colonels, qu'il faudra remplacer, au moins partiellement, s'il y a lieu, par d'autres hommes choisis avec la plus grande circonspection sous le rapport moral, de peur de trahisons.

Il faudra ensuite faire une propagande active dans l'armée; lui faire surtout sentir qu'elle tient à la nation, qu'elle vient d'elle, qu'elle a mission de la défendre, qu'elle a les mêmes intérêts, et que, par conséquent, elle doit avoir les mêmes principes.

Il serait bon aussi qu'on modifiât sa manière de vivre sous le rapport matériel; qu'on adoucît son régime pénitentiaire (1), en remplaçant, autant que possible, les punitions corporelles par des punitions morales; qu'on fît disparaître, si on le pouvait, toutes distinctions, telles que *croix, médailles, rubans, etc.*: elles donnent souvent l'orgueil à ceux qui les portent, excitent l'envie de ceux qui ne les ont pas, et ôtent aux belles actions une grande partie de leur mérite. Enfin, il faudrait restreindre de beaucoup le personnel des *états-majors*, qui auront toujours été jusque-là des pépinières d'aristocrates.

L'armée devrait avoir aussi dans son sein des représentants.

13° *Quelle devra être l'attitude de la république devant les gouvernements étrangers?*

Pour arriver à la solution régulière de cette question, il faut tenir compte de deux choses.

___

(1) Voici comment il serait bon qu'on entendît le mode d'application des peines dans l'armée :

1° Une commission sera créée dans chaque corps pour juger les délits.

2° Elle sera composée d'officiers et de soldats, divisés par moitié.

3° Elle siégera tous les jours, et prononcera sur les délits dans le plus bref délai, afin d'épargner aux soldats inculpés des longueurs qui pourraient leur être préjudiciables.

4° Tout officier ou sous-officier qui trouvera un soldat coupable d'une faute, pourra faire immédiatement détenir celui-ci, et jusqu'à ce que la commission ait statué sur son sort.

5° Pendant le temps qui s'écoulera depuis le premier moment de sa détention jusqu'à celui du prononcé du jugement qui lui sera relatif, le soldat devra être traité avec tous les égards convenables.

La première, c'est de quel œil les gouvernements étrangers verront notre révolution.

La seconde, comment elle sera considérée par les peuples.

Les premiers verront dans son fait une atteinte mortelle portée aux principes par lesquels ils auront gouverné jusqu'alors, et feront tous leurs efforts pour l'anéantir, ou au moins pour en neutraliser les effets.

Les seconds la considéreront sans doute, et avec raison, comme un moyen de s'affranchir du joug qui les opprime.

Cela posé, considérant :

Que la France, par les devoirs à remplir que sa révolution lui imposera, ne pourra pas rester neutre dans le travail social qui s'opérera à cette époque chez les différents peuples qui l'entourent ;

Qu'elle devra, au contraire, accélérer de toutes ses forces et de tous ses moyens la marche de ce travail ;

Que l'expérience démontre qu'elle rencontrera chez ces peuples une grande sympathie et une communauté d'idées propres à ce qu'elle devra faire ;

Considérant encore que la France sera, d'après toutes les prévisions, en état de déclarer immédiatement la guerre aux rois, de la faire et de la soutenir longtemps contre eux, s'il était nécessaire ;

Considérant, enfin, que si la France mettait la moindre hésitation à faire cette déclaration de guerre, elle perdrait tout le bénéfice de l'actualité ; jetterait du doute dans l'esprit des peuples sur ses intentions, si bonnes qu'elles fussent d'ailleurs ; que ce doute nuirait à la cause révolutionnaire en ce que ces peuples, manquant de confiance en une force supérieure qui pourrait les aider dans leur affranchissement, resteraient dans une apathie qui les priverait pour un temps toujours trop long, des moyens de profiter immédiatement des bienfaits sociaux qui pourraient déjà se réaliser à cette époque ;

Qu'au surplus, et que, quels que soient les procédés dont la France pourra user envers les rois, ceux-ci armeront contre elle :

Par ces motifs,

La République devra immédiatement déclarer la guerre aux rois ; renvoyer leurs ambassadeurs de sa capitale ; adresser à tous les peuples un manifeste vigoureux, dans lequel elle devra leur faire part des intentions positives où elle sera à leur égard, celles de s'imposer

tous les sacrifices pour travailler à leur délivrance, et les inviter à
lui préparer la voie qu'ils devront parcourir ensemble par une insurrection aussi prompte et aussi complète que possible; et enfin, en-
rôler et armer les républicains étrangers résidant à cette époque dans
son sein, qui se présenteront pour aller porter cette insurrection dans
leurs pays respectifs.

14° *Les récompenses à accorder aux citoyens devront-elles être matérielles ou morales?*

Nous pensons qu'elles devront être morales, nous avons dit pourquoi. (Question 12.) Nous croyons que la mention d'une belle action dans les journaux, lue dans tous les clubs de la France et dans
les camps, satisfera amplement le citoyen qui l'aura faite.

15° *Quelle devra être l'organisation du travail et des travailleurs en général?*

Nous voici arrivés au développement d'une des questions les plus
importantes et aussi les plus difficiles à résoudre. Dans nos confé-
rences, au sujet de ce rapport, nous ne l'avons abordée qu'avec une
extrême réserve, craignant à chaque instant de nous tromper dans
la manière de l'envisager. Cependant, nous nous flattons de lui avoir
donné une solution rationnelle et satisfaisante.

Établissons d'abord que nous voulons pour le peuple, quant au
travail, l'abolition de son exploitation par quelques hommes et dans
l'intérêt de ceux-ci, pour le remplacer par l'exploitation, aussi étendue
que possible, de tous les produits par lui-même, et à son profit.

Voyons maintenant quels seraient les meilleurs moyens à employer
pour le mettre dans ces conditions.

On a proposé de faire commanditer le travail par le gouvernement.

« Ainsi, a-t-on dit, le gouvernement donnera aux divers corps de
« métiers de l'argent et des instruments de travail : ces corps de métiers
« s'organiseront comme ils l'entendront; et puisqu'ils exploiteront à
« leur profit, ils n'auront besoin d'aucune surveillance en tant qu'ex-
« ploitation. »

Fidèles à notre principe d'*unité* et d'*égalité*, nous repoussons ces

moyens comme devant créer, par l'extension et la force qu'ils donneraient à des parties de la nation, *un pouvoir dans le pouvoir*, et
comme devant créer aussi, par les richesses plus ou moins des unes
et des autres, résultant de leur position plus ou moins avantageuse,
un antagonisme perpétuel entre ces diverses parties.

Nous pensons, nous, que, pour éviter les dangers du premier résultat et l'immoralité du second, le gouvernement devrait :

1° Se faire, au profit de la nation, premier manufacturier, directeur suprême de toutes les industries ;

2° Qu'il devrait avoir une seule caisse et une seule direction pour
elles.

3° Comme moyen de circulation des produits, avoir des magasins
où ils seraient déposés et vendus.

4° Comme moyen de fabrication de ces produits, le rassemblement
des travailleurs ; et pour donner plus rapidement et plus complétement
à ceux-ci le bien-être qu'ils sont en droit d'attendre de la révolution,
avoir des maisons qu'on pourra appeler si on veut *ateliers nationaux*,
et où les travailleurs seraient occupés chaque jour un espace de temps
raisonnable, pendant huit heures, par exemple, et seraient rétribués
également; où ils seraient nourris et logés convenablement, eux et
leurs familles, et où enfin ils recevraient des éléments d'instruction.

De cet arrangement, qui serait accepté, nous n'en doutons pas, il
résulterait donc pour les travailleurs :

Diminution de travail, et, partant, travail raisonnable ;

Nourriture saine ;

Logement propre ;

Éducation, instruction ;

Satisfaction naturelle de se trouver réunis.

Toutes choses que nous pouvons résumer par ces mots : *bien-être
physique, intellectuel et moral.*

Pour les ouvriers cultivateurs (car ce que nous venons de dire ne
s'applique qu'aux ouvriers travaillant dans les ateliers), nous pensons
que, pour les organiser dans les mêmes vues, le gouvernement devrait commencer par leur faire cultiver les terrains nationaux, qui

12.

seraient sans doute déjà considérables; puis, peu à peu, les autres propriétés territoriales qu'il acquerrait successivement par achat ou par d'autres moyens. Il devrait donc toujours y avoir *la maison commune*, moins l'atelier, qui serait remplacé par une ferme où seraient déposés les instruments de travail et les produits agricoles.

Est-il à supposer maintenant que charger le Gouvernement d'asseoir l'organisation du travail et des travailleurs sur les bases nouvelles que nous avons proposées, c'est le placer vis-à-vis d'embarras insurmontables, à cause des travaux énormes que cette organisation comporte, et qu'il ne pourrait accomplir à lui seul? Quant à nous, nous ne le pensons pas, parce que nous croyons que ces travaux devront être faits par une administration spéciale, créée par le Gouvernement, et sur laquelle celui-ci n'aura qu'une surveillance active et sévère à exercer.

Cependant, comme rien, par rapport au sujet qui nous occupe, ne serait établi définitivement dans les premiers temps de la révolution, le Gouvernement pourrait laisser subsister des associations collectives industrielles, à la condition bien expresse, toutefois, que tous les associés participeraient également aux bénéfices de l'association.

16° *Devra-t-on s'occuper immédiatement de l'application d'un nouveau système d'éducation publique? — Quel devrait être ce système?*

L'éducation, pour parler en termes généraux, consiste dans les soins qu'on doit avoir vis-à-vis de l'homme pour le mettre dans les *conditions de sa nature.* Ce peu de mots suffit, nous le pensons, pour faire comprendre qu'on devra s'occuper immédiatement de l'application d'un système d'éducation publique.

Quel devrait être ce système?

L'éducation, comme l'homme qu'elle forme, peut être divisée en trois parties, représentant chacune un besoin à satisfaire. Les voici :

1° Partie physique,
2° Partie intellectuelle,
3° Partie morale.

Ces parties, alimentées par la nourriture qui leur est propre, produisent :

La 1re, la vigueur du corps ;

La 2e, l'instruction ;

La 3e, la sociabilité, le dévouement.

Nous considérons la troisième de ces parties (la partie morale et ce qui en découle) comme éminemment supérieure aux deux autres, et nous ne voyons dans le développement et le perfectionnement de celles-ci qu'un moyen de développer et de perfectionner aussi la nature morale chez l'homme.

Voici maintenant les moyens par lesquels nous croyons qu'on pourra développer chez les individus les différentes facultés dont nous venons de parler.

Pour plus d'ordre nous diviserons le temps (d'éducation, surtout pour la partie physique et la partie intellectuelle), en deux âges :

1° De la naissance, à cinq ans.

2° De cinq ans, jusqu'à leur sortie des colléges publics.

Nous n'avons pas cru qu'il nous appartenait de déterminer l'âge auquel les individus devront sortir des différentes écoles où nous croyons qu'ils seront placés pendant leur éducation sous le rapport intellectuel. Nous n'avons pas non plus indiqué dans quels lieux des départements devraient être établies ces écoles ; quel serait leur réglement, etc. Nous avons pensé que ces détails, ne jetant qu'un faible jour sur la question qui nous occupe en ce moment, il était inutile de les mentionner ici.

Nous allons donc continuer de parler en termes généraux.

Pendant la durée du premier âge, les enfants devront être élevés par leurs parents, ceux-ci étant les meilleurs éducateurs pour cet âge. Cependant, il devra y avoir dans chaque commune un lieu où les parents pourront, s'ils le veulent, mettre leurs enfants, pour les y élever en commun. La surveillance du lieu devra être confiée à un commissaire éducateur.

A l'âge de cinq ans, les enfants devront être retirés de leurs parents pour être placés dans les écoles publiques. Cependant, si après une enquête sévère et impartiale, les médecins constataient que tel enfant, à cet âge, fût d'une nature trop maladive pour lui permettre de se

livrer aux travaux de l'école où il devrait être placé, s'il était en bonne
santé, ses parents devraient avoir la faculté de le garder chez eux
pour le soigner.

On devra, pour les enfants des écoles, et sous le point de vue
physique :

Satisfaire aussi complétement que possible à tous leurs besoins ;

Sous le point de vue intellectuel :

Développer leur intelligence en leur donnant graduellement des
connaissances aussi étendues que possible dans les sciences, dans les
arts et dans les métiers ;

Sous le rapport moral :

Leur inculquer les principes du républicanisme et surtout leur
répéter sans cesse qu'ils sont égaux, qu'ils sont frères, et, comme tels,
qu'ils doivent *s'aimer*. Qu'ils se doivent tout entiers à la société ; qu'ils
ne doivent reculer devant aucun sacrifice pour l'accomplissement
d'un acte, quand l'humanité le commande ; en un mot, il faudra leur
faire considérer le dévouement *comme un fait régulier*.

L'éducation devra être *une*, elle sera appliquée à *tous*. Les écoles
dont nous avons parlé seront créées par le gouvernement et dirigées
et surveillées par ses agents.

Il suit de ce que nous venons de dire, qu'un père ne devra pas
avoir le droit d'instruire ni d'élever son enfant à sa guise. Vous concevez à quels dangers un pareil droit exposerait la génération. En
effet, des individus pourraient imprimer dans le cœur de leurs enfants
des idées d'égoïsme, d'autres ne leur donneraient qu'un demi-savoir,
qu'un demi-dévouement, et la génération, au lieu d'être dévouée,
intelligente, régulière, ne serait qu'un composé d'éléments qui se
choqueraient par leur hétérogénéité.

Nous ne croyons pas que l'enseignement d'un Déisme soit nécessaire
dans l'éducation. Cela ne veut pas dire que nous n'ayons pas de
religion ; nous avons une, mais nous la puisons dans notre cœur :
son nom, c'est *la sympathie* ; son culte, c'est la *sociabilité*, c'est la
fraternité le *dévouement*.

*17° Dans quelles limites devra-t-on comprendre la liberté
de la presse ?*

Nous pensons que tout article de journal, toute brochure, tout livre ou tout pamphlet qui, par les idées qu'il contiendrait, tendrait à faire revenir à l'ancien ordre des choses, devrait causer la poursuite et la punition de son auteur comme contre-révolutionnaire.

18° *Quels seront les moyens à employer pour se procurer l'argent nécessaire à toutes les dépenses publiques?*

Nous pensons que les meilleurs seraient :

1° Une émission de papier-monnaie, qui serait une représentation réelle soit du sol, soit de l'industrie.

2° Une séquestration des biens appartenant aux familles des individus ayant participé aux actes gouvernementaux depuis 1793.

3° La capitalisation de l'impôt dans certains cas.

4° L'abolition de l'hérédité des fortunes en ligne collatérale, même au premier degré.

5° L'appropriation par l'État de la portion disponible dans les héritages en ligne directe. . . . .

Enfin le rapport de tous les impôts qui pourront être applicables sans gêner le peuple.

Puis, la nation pourrait compter au nombre de profits à faire :

A. Une immense diminution des traitements énormes de divers employés, ...

B. L'abolition immédiate et entière de toutes les pensions et tous les traitements alloués au clergé. . . . .

Voilà, citoyens, le rapport que nous avions à vous faire. L'impartialité et la franchise ont présidé à l'émission des idées qu'il contient. Si nous n'avons pas donné à certaines questions tout le développement que vous en attendiez, c'est que nous avons pensé que vous seriez plus habiles à le faire dans la discussion qui, à propos de ce travail, va s'ouvrir au milieu de vous.

LISTE ALPHABÉTIQUE

DES INCULPÉS COMPRIS AU PRÉSENT RAPPORT,

AVEC L'INDICATION DES PAGES OÙ SONT DÉVELOPPÉES LES CHARGES
PARTICULIÈRES EXISTANT CONTRE CHACUN D'EUX.

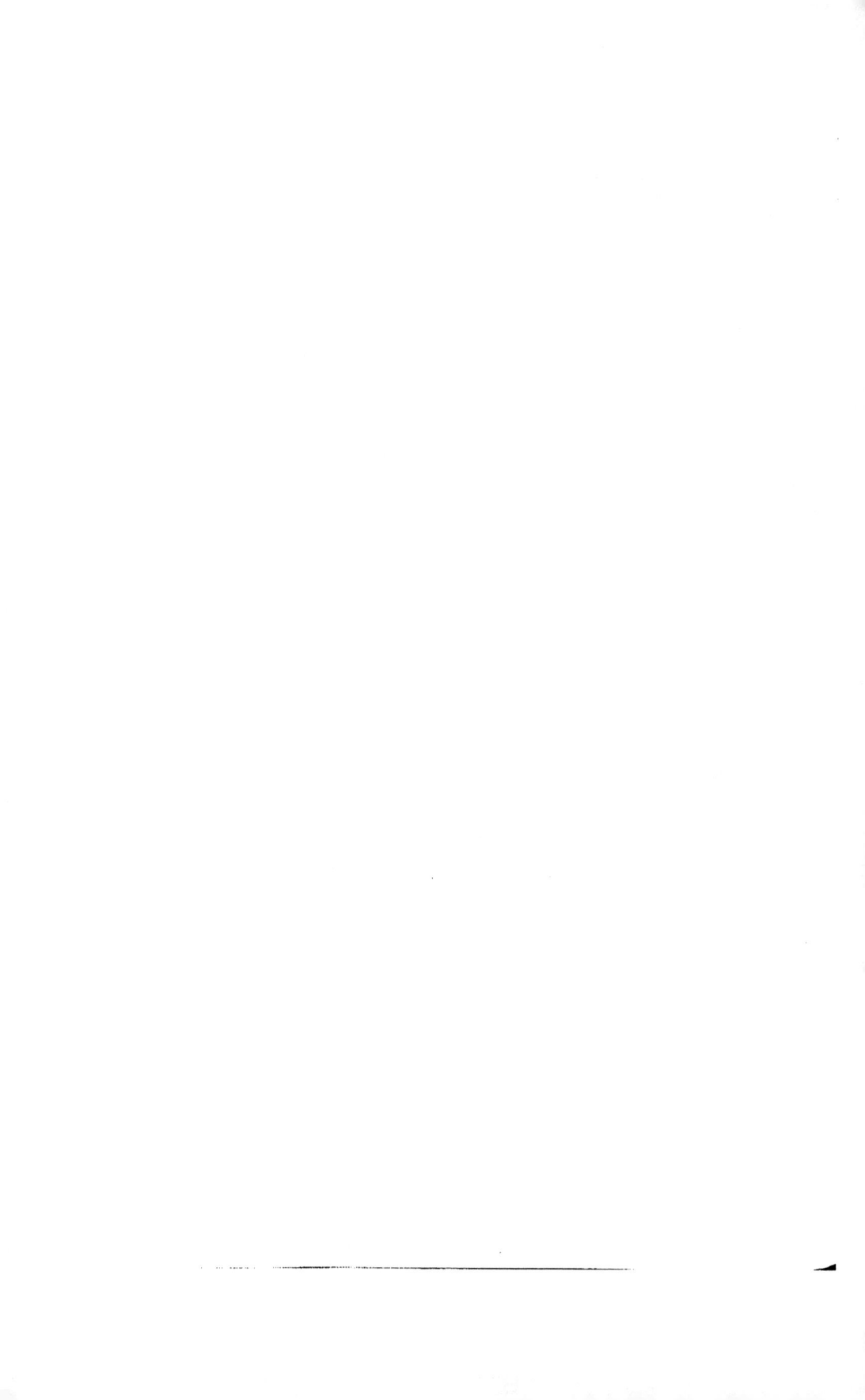

www.ingramcontent.com/pod-product-compliance
Lightning Source LLC
Chambersburg PA
CBHW071455200326
41519CB00019B/5738